나 혼자 영어회화 훈련

영어 말하기가 쉬워지는 롤플레이 트레이닝

ROLE-PLAY TRAINING

나혼자 영어회화 훈련

지은이 루디아
펴낸이 임상진
펴낸곳 (주)넥서스

초판 1쇄 발행 2025년 2월 10일
초판 2쇄 발행 2025년 2월 14일

출판신고 1992년 4월 3일 제311-2002-2호
10880 경기도 파주시 지목로 5
Tel (02)330-5500 Fax (02)330-5555

ISBN 979-11-6683-954-2   13740

출판사의 허락 없이 내용의 일부를
인용하거나 발췌하는 것을 금합니다.
저자와의 협의에 따라서 인지는 붙이지 않습니다.

가격은 뒤표지에 있습니다.
잘못 만들어진 책은 구입처에서 바꾸어 드립니다.

www.nexusbook.com

나혼자 영어회화 훈련

영어 말하기가 쉬워지는 롤플레이 트레이닝

루디아 지음

ROLE-PLAY TRAINING

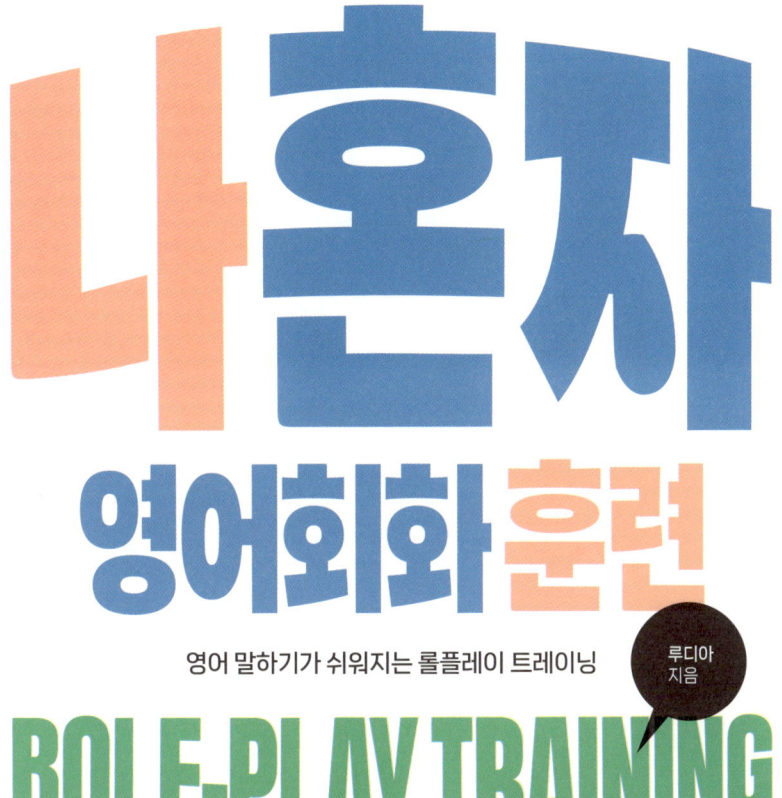

넥서스

머리말

독자 여러분, 안녕하세요! 영어회화 전문 강사 루디아입니다.

지난 12년간 자연스러운 영어 말하기를 꿈꾸는 수많은 수강생들을 만나 왔습니다. 그중에는 과거에 영어회화를 공부했어도 다시 처음으로 돌아가 기초부터 시작하는 분들이 너무나 많았습니다. 반면, 해외 경험 없이도 영어를 유창하게 구사하는 분들도 계셨는데, 그들의 공통점은 미드, 영화, 그룹 스터디 등 다양한 방법으로 영어에 "꾸준히" 노출되었다는 점이었습니다. 참 당연해 보이는 공부법이지만, 이를 지속적으로 실천하는 것은 결코 쉽지 않다는 것을 잘 알고 있습니다.

그래서 저는 '어떻게 하면 수강생들이 한 단계 성장하면서 영어 학습을 포기하지 않고 꾸준하게 할 수 있을까?'라는 고민을 거듭했고, 이를 바탕으로 레벨별로 다양한 교재를 제작해 수업에 활용해 왔습니다. 이 책은 그중에서도 초급에서 초중급 학습자들에게 특히 좋은 반응을 얻었던 교재들을 기반으로 구성되었습니다.

책 속 대화문의 일부는 제가 실제로 원어민 친구들과 나눈 대화이고, 일부는 수강생들의 요청을 반영해 작성하였습니다. '친구와 대화하듯 자연스러운 영어'를 목표로, 우리 독자분들이 일상에서 접할 수 있는 대화를 구어체의 특성을 살리면서도 정확한 표현을 익힐 수 있도록 담아냈습니다.

이 책이 여러분의 영어회화 학습에 재미와 자신감을 더해 줄 수 있기를 진심으로 바랍니다. 마지막으로, 대화문의 소재를 제공해 주신 분들, 그리고 이 책이 더 많은 학습자에게 다가갈 수 있도록 도움을 주신 넥서스 관계자분들께 깊이 감사드립니다.

2025년 1월
루디아 드림

이 책의 활용법

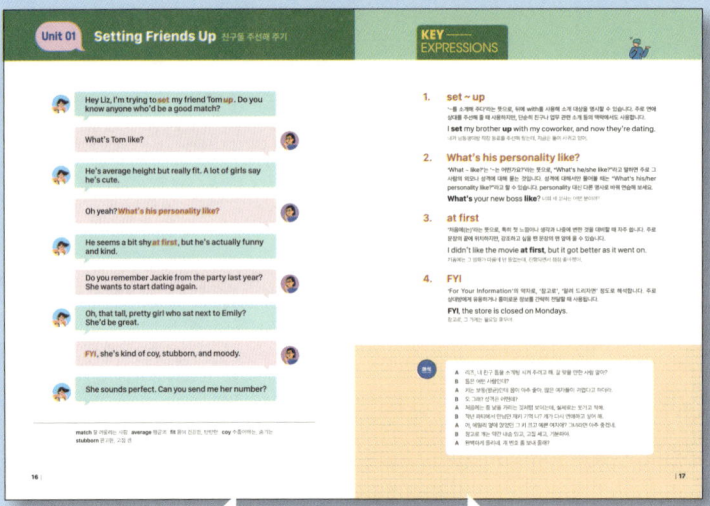

저자의 실제 경험이 담긴 생생한 대화문으로 살아 있는 영어를 익혀 보세요.

꼭 알아야 할 표현들을 설명과 함께 배워 보세요. 회화력이 한층 더 상승됩니다.

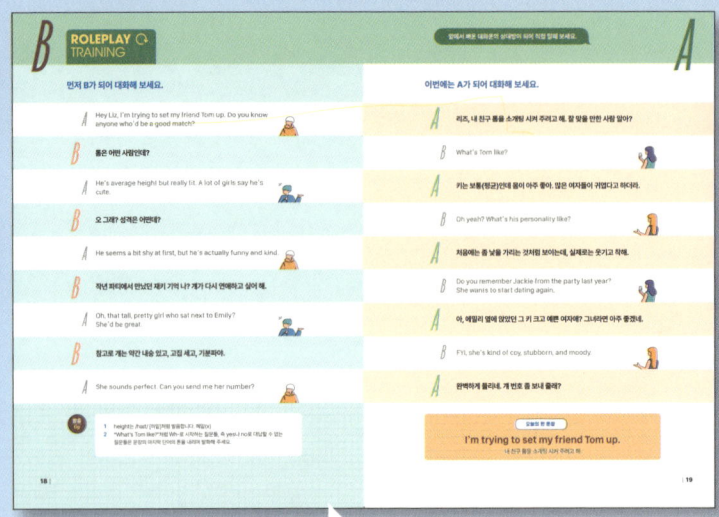

[롤플레이 MP3]를 활용하여 각각의 역할을 직접 말해 보세요. 양쪽 모두 말할 수 있어야 진짜 영어회화입니다.

다양하게 롤플레이를 훈련하는 법

혼자 훈련하는 법
1. [원어민 MP3]를 들으면서 대화문과 표현을 익힌다.
2. [롤플레이 MP3]를 들으면서 B가 되어 말해 본다.
3. 반대로 A가 되어 말해 본 후, 혼자 양쪽 모두를 연기해 본다.

둘이 훈련하는 법
1. [원어민 MP3]를 들으면서 대화문과 표현을 익힌다.
2. [롤플레이 MP3]를 들으면서 A와 B의 대사를 외워 둔다.
3. 서로 A와 B가 되어 롤플레이를 해 보고, 역할을 바꿔서 연기해 본다.

스터디에서 훈련하는 법
1. 여럿이 모여 [원어민 MP3]를 들으면서 대화문과 표현을 익힌다.
2. [롤플레이 MP3]를 들으면서 A와 B의 대사를 외워 둔다.
3. 두 명씩 짝을 지어 A와 B가 되어 롤플레이를 해 보고, 짝을 바꿔서 다른 역할을 연기해 본다.

스마트폰에서 MP3 듣기

스마트폰으로 QR코드를 인식하면 MP3를 바로 들을 수 있습니다.

컴퓨터에서 MP3 다운받기

넥서스 홈페이지(www.nexusbook.com)에서 도서명으로 검색하시면, 회원 가입 없이 바로 무료로 다운받을 수 있습니다.

목차

UNIT 01	**Setting Friends Up** 친구들 주선해 주기	16
UNIT 02	**Content Browsing** 콘텐츠 둘러보기	20
UNIT 03	**Ordering at Starbucks** 스타벅스에서 주문하기	24
UNIT 04	**During a Walk** 산책 중에	28
UNIT 05	**At an Amusement Park** 놀이공원에서	32
UNIT 06	**Fried Chicken Night** 치킨 야식	36
UNIT 07	**Choosing a Jacket** 재킷 고르기	40
UNIT 08	**Adopting a Cat** 고양이 입양하기	44
UNIT 09	**Luck of the Day** 오늘의 운세	48
UNIT 10	**Spring Picnic** 봄나들이	52
UNIT 11	**Small Talk at Lunch** 점심 시간 스몰토크	56
UNIT 12	**Date 1** 데이트 1	60
UNIT 13	**Date 2** 데이트 2	64
UNIT 14	**Breakfast** 아침 식사	68
UNIT 15	**Hot Weather** 더운 날씨	72

UNIT 16	**Trip to Tokyo** 도쿄로의 여행	76
UNIT 17	**Lunar New Year Holiday** 설 연휴	80
UNIT 18	**Asian Cup Match** 아시안컵 경기	84
UNIT 19	**After the Flu** 독감 이후	88
UNIT 20	**Team Dinner 1** 저녁 회식 1	92
UNIT 21	**Team Dinner 2** 저녁 회식 2	96
UNIT 22	**Exchange Student Experience** 교환학생 경험	100
UNIT 23	**TV Tastes** TV 취향	104
UNIT 24	**Movie Tastes** 영화 취향	108
UNIT 25	**Whiskey 1** 위스키 1	112
UNIT 26	**Whiskey 2** 위스키 2	116
UNIT 27	**Contrasting Friends** 대조적인 친구들	120
UNIT 28	**Ordering at Baskin-Robbins** 배스킨라빈스에서 주문하기	124
UNIT 29	**After the Holiday** 연휴 이후	128
UNIT 30	**Cold Weather** 추운 날씨	132

UNIT 31	**New Season** 새로운 계절	136
UNIT 32	**Parents' Day** 어버이날	140
UNIT 33	**Recommending a Travel Spot** 여행지 추천하기	144
UNIT 34	**New Year's Resolutions** 새해 결심	148
UNIT 35	**Getting a Haircut** 머리 자르기	152
UNIT 36	**Crowded Commute** 붐비는 통근길	156
UNIT 37	**Lunch Menu** 점심 메뉴	160
UNIT 38	**The Minimalist's Choice** 미니멀리스트의 선택	164
UNIT 39	**Improving Memory** 기억력 향상시키기	168
UNIT 40	**Temple Stay** 템플 스테이	172
UNIT 41	**Congrats on the Pregnancy** 임신 축하	176
UNIT 42	**After Work** 퇴근 후에	180
UNIT 43	**Shopping for Meal Kits** 밀키트 쇼핑하기	184
UNIT 44	**Name Change** 개명	188
UNIT 45	**Rentals** 렌탈	192

UNIT 46	**Pregnancy Dreams** 태몽	196
UNIT 47	**Sleeping in** 늦잠자기	200
UNIT 48	**Playing Games** 게임하기	204
UNIT 49	**Reading Tastes** 독서취향	208
UNIT 50	**Dieting** 다이어트하기	212
UNIT 51	**Superstitions** 미신	216
UNIT 52	**First Day Prep** 첫 출근 준비	220
UNIT 53	**Chocolate Cravings** 초콜릿이 당길 때	224
UNIT 54	**Instagram** 인스타그램	228
UNIT 55	**Gift for the Niece** 조카에게 주는 선물	232
UNIT 56	**Grocery Shopping** 장보기	236
UNIT 57	**Long Weekend Plans** 연휴 낀 주말 계획	240
UNIT 58	**College Entrance Exam Day** 수능일	244
UNIT 59	**On a Rainy Day** 비오는 날에	248
UNIT 60	**Investment for the Future** 미래를 위한 투자	252

UNIT 61	**Camping** 캠핑	256
UNIT 62	**After the Hike** 등산 이후	260
UNIT 63	**Medical Check-up** 건강 검진	264
UNIT 64	**At a Brunch Café** 브런치 카페에서	268
UNIT 65	**April Fool's Day** 만우절	272
UNIT 66	**Free Time Activities** 여가활동	276
UNIT 67	**A New Place** 새 집	280
UNIT 68	**Choosing Gifts** 선물 고르기	284
UNIT 69	**Housewarming Party** 집들이	288
UNIT 70	**Experience at Restaurants** 식당에서의 경험	292
UNIT 71	**Happy Birthday** 생일 축하	296
UNIT 72	**Growing Plants** 식물 키우기	300
UNIT 73	**Test Prep** 시험 준비	304
UNIT 74	**Good News** 좋은 소식	308
UNIT 75	**Learning Dilemma** 배움의 딜레마	312

UNIT 76	**Thoughts on Marriage** 결혼에 대한 생각	316
UNIT 77	**Rough Patch** 힘든 시기	320
UNIT 78	**Different Tastes** 서로 다른 취향	324
UNIT 79	**Post-retirement Plans** 은퇴 후 계획	328
UNIT 80	**At the Reunion** 동창회에서	332

나혼자
영어회화
훈련

혼자서
모두 말할 수 있어야
진짜 영어회화다!

Unit 01 Setting Friends Up 친구들 주선해 주기

 Hey Liz, I'm trying to **set** my friend Tom **up**. Do you know anyone who'd be a good match?

What's Tom like?

 He's average height but really fit. A lot of girls say he's cute.

Oh yeah? **What's his personality like?**

 He seems a bit shy **at first**, but he's actually funny and kind.

Do you remember Jackie from the party last year? She wants to start dating again.

 Oh, that tall, pretty girl who sat next to Emily? She'd be great.

FYI, she's kind of coy, stubborn, and moody.

 She sounds perfect. Can you send me her number?

---

match 잘 어울리는 사람 **average** 평균의 **fit** 몸이 건강한, 탄탄한 **coy** 내숭 떠는, 숨기는
stubborn 완고한, 고집 센

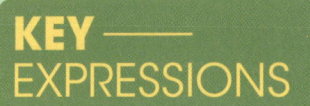

1. set ~ up

'~를 소개해 주다'라는 뜻으로, 뒤에 with를 사용해 소개 대상을 명시할 수 있습니다. 주로 연애 상대를 주선해 줄 때 사용하지만, 단순히 친구나 업무 관련 소개 등의 맥락에서도 사용합니다.

I **set** my brother **up** with my coworker, and now they're dating.
내가 남동생이랑 직장 동료를 주선해 줬는데, 지금은 둘이 사귀고 있어.

2. What's his personality like?

'What ~ like?'는 '~는 어떤가요?'라는 뜻으로, "What's he/she like?"라고 말하면 주로 그 사람의 외모나 성격에 대해 묻는 것입니다. 성격에 대해서만 물어볼 때는 "What's his/her personality like?"라고 할 수 있습니다. personality 대신 다른 명사로 바꿔 연습해 보세요.

What's your new boss **like**? 너희 새 상사는 어떤 분이야?

3. at first

'처음에(는)'라는 뜻으로, 특히 첫 느낌이나 생각과 나중에 변한 것을 대비할 때 자주 씁니다. 주로 문장의 끝에 위치하지만, 강조하고 싶을 땐 문장의 맨 앞에 올 수 있습니다.

I didn't like the movie **at first**, but it got better as it went on.
처음에는 그 영화가 마음에 안 들었는데, 진행되면서 점점 좋아졌어.

4. FYI

'For Your Information'의 약자로, '참고로', '알려 드리자면' 정도로 해석합니다. 주로 상대방에게 유용하거나 흥미로운 정보를 간략히 전달할 때 사용됩니다.

FYI, the store is closed on Mondays.
참고로, 그 가게는 월요일 휴무야.

A 리즈, 내 친구 톰을 소개팅 시켜 주려고 해. 잘 맞을 만한 사람 알아?
B 톰은 어떤 사람인데?
A 키는 보통(평균)인데 몸이 아주 좋아. 많은 여자들이 귀엽다고 하더라.
B 오 그래? 성격은 어떤데?
A 처음에는 좀 낯을 가리는 것처럼 보이는데, 실제로는 웃기고 착해.
B 작년 파티에서 만났던 재키 기억 나? 걔가 다시 연애하고 싶어 해.
A 아, 에밀리 옆에 앉았던 그 키 크고 예쁜 여자애? 그녀라면 아주 좋겠네.
B 참고로 걔는 약간 내숭 있고, 고집 세고, 기분파야.
A 완벽하게 들리네. 걔 번호 좀 보내 줄래?

먼저 B가 되어 대화해 보세요.

A Hey Liz, I'm trying to set my friend Tom up. Do you know anyone who'd be a good match?

B **톰은 어떤 사람인데?**

A He's average height but really fit. A lot of girls say he's cute.

B **오 그래? 성격은 어떤데?**

A He seems a bit shy at first, but he's actually funny and kind.

B **작년 파티에서 만났던 재키 기억 나? 걔가 다시 연애하고 싶어 해.**

A Oh, that tall, pretty girl who sat next to Emily? She'd be great.

B **참고로 걔는 약간 내숭 있고, 고집 세고, 기분파야.**

A She sounds perfect. Can you send me her number?

1. height는 /haɪt/ [하잍]처럼 발음합니다. 헤잍(x)
2. "What's Tom like?"처럼 Wh-로 시작하는 질문들, 즉 yes나 no로 대답할 수 없는 질문들은 문장의 마지막 단어의 톤을 내리며 발화해 주세요.

앞에서 배운 대화문의 상대방이 되어 직접 말해 보세요.

이번에는 A가 되어 대화해 보세요.

A 리즈, 내 친구 톰을 소개팅 시켜 주려고 해. 잘 맞을 만한 사람 알아?

B What's Tom like?

A 키는 보통(평균)인데 몸이 아주 좋아. 많은 여자들이 귀엽다고 하더라.

B Oh yeah? What's his personality like?

A 처음에는 좀 낯을 가리는 것처럼 보이는데, 실제로는 웃기고 착해.

B Do you remember Jackie from the party last year? She wants to start dating again.

A 아, 에밀리 옆에 앉았던 그 키 크고 예쁜 여자애? 그녀라면 아주 좋겠네.

B FYI, she's kind of coy, stubborn, and moody.

A 완벽하게 들리네. 걔 번호 좀 보내 줄래?

오늘의 한 문장

I'm trying to set my friend Tom up.
내 친구 톰을 소개팅 시켜 주려고 해.

| 19

Unit 02 **Content Browsing** 콘텐츠 둘러보기

 Are you watching this, or can I pick something else?

Oh, no, go ahead.

 Can you hand me the remote?

Here. Is there anything good on our watchlist? **I'm in the mood for** something entertaining.

 How about 'Selling Sunset'? I love that it shows a bunch of beautiful houses.

Well, I'm not a huge fan. There is too much **drama** among the cast.

 Shhh, it's starting! Oh no, I've already watched this one.

Let's check out the new releases. Hey, the new season of 'The Lincoln Lawyer' **just dropped**.

 Really? I've been dying to watch that! Let's **binge** that!

---

hand ~를 건네다, 전달하다   **remote** 리모컨   **be dying to** ~ ~하고 싶어 죽겠다

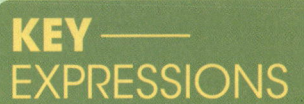

1. be in the mood for ~

'~할 기분이다', '~이 당기다'라는 뜻으로, 무엇을 하고 싶거나 먹고 싶을 때 많이 사용합니다.

I'm in the mood for some pizza and beer tonight.
오늘 밤엔 피자와 맥주가 먹고 싶어.

2. drama

drama는 주로 감정적이고 극적인 이야기를 다루는 TV나 영화 장르를 의미하지만, 현실에서의 drama는 '극적인 사건'이나 '소동', '문제'를 의미합니다. 참고로, 작은 문제를 가지고 과장하거나 호들갑을 떠는 사람을 'drama queen'이라고 합니다.

She's always involved in some **drama** at work.
그녀는 항상 직장에서 어떤 사건에 휘말려 있어.

3. just dropped

새로운 곡, 앨범, 콘텐츠 등이 '방금 공개되었다, 출시되었다'라는 뜻으로 구어체에서 자주 사용합니다. '~ was just released'와 같은 의미이지만 이는 더 격식 있는 표현입니다.

Her new album **just dropped**, and it's amazing!
그녀의 새 앨범이 방금 막 나왔는데, 엄청나!

4. binge

binge는 무언가를 짧은 시간에 '몰아서 하다/하는 것'이라는 뜻의 동사이자 명사로, 특히 폭식(binge-eat)이나 폭음(binge-drink)을 가리킬 때 사용합니다. binge 뒤에 TV 시리즈 이름을 넣으면 '몰아서 보다, 정주행하다'라는 뜻이 되며, binge-watch로도 쓸 수 있습니다.

I **binged** the entire season 7 of 'Young Sheldon' in one night.
나 <영 쉘던> 시즌7을 하룻밤 만에 정주행했잖아.

A 이거 보는 중이야, 아니면 다른 거 봐도 돼?
B 아, 안 봐, 딴 거 봐도 돼.
A 리모컨 좀 줄래?
B 여기. 우리가 찜한 리스트에 좋은 거 있나? 뭔가 재미있는 걸 보고 싶은데.
A <셀링 선셋> 어때? 아름다운 집들을 많이 보여 주는 게 너무 좋더라.
B 글쎄, 난 그렇게 좋아하지 않아. 출연진들 사이에 사건이 너무 많아.
A 쉿, 시작한다! 앗 이런, 이건 이미 본 거네.
B 신작들을 확인해 보자. 어, <링컨 차를 타는 변호사> 새 시즌이 막 나왔대.
A 진짜? 나 그거 너무 보고 싶었어! 그거 정주행하자!

ROLE-PLAY TRAINING

먼저 B가 되어 대화해 보세요.

A   Are you watching this, or can I pick something else?

B   **아, 안 봐. 딴 거 봐도 돼.**

A   Can you hand me the remote?

B   **여기. 우리가 찜한 리스트에 좋은 거 있나? 뭔가 재미있는 걸 보고 싶은데.**

A   How about 'Selling Sunset'? I love that it shows a bunch of beautiful houses.

B   **글쎄, 난 그렇게 좋아하지 않아. 출연진들 사이에 사건이 너무 많아.**

A   Shhh, it's starting! Oh no, I've already watched this one.

B   **신작들을 확인해 보자. 어, <링컨 차를 타는 변호사> 새 시즌이 막 나왔대.**

A   Really? I've been dying to watch that! Let's binge that!

1   release/rɪˈliːs/는 동사, 명사일 때 모두 2음절 강세+장음으로 [륄리-ㅅ]처럼 발음하며, releases는 [륄리-씨ㅅ]처럼 발음합니다.
2   구어체에서 'what are you~'를 빠르게 발음하면 [와루유] 또는 [워루유]처럼 들립니다.

앞에서 배운 대화문의 상대방이 되어 직접 말해 보세요.

이번에는 A가 되어 대화해 보세요.

 A 이거 보는 중이야, 아니면 다른 거 봐도 돼?

 B Oh, no, go ahead.

 A 리모컨 좀 줄래?

 B Here. Is there anything good on our watchlist? I'm in the mood for something entertaining.

 A <셀링 선셋> 어때? 아름다운 집들을 많이 보여주는 게 너무 좋더라.

 B Well, I'm not a huge fan. There is too much drama among the cast.

 A 쉿, 시작한다! 앗 이런, 이건 이미 본 거네.

 B Let's check out the new releases. Hey, the new season of 'The Lincoln Lawyer' just dropped.

 A 진짜? 나 그거 너무 보고 싶었어! 그거 정주행하자!

오늘의 한 문장

Let's binge that!
그거 정주행하자!

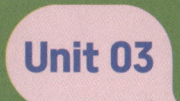

Unit 03
Ordering at Starbucks
스타벅스에서 주문하기

 Hi, can I get a **grande** iced **half-caf** Americano **to go**?

Sure thing! Will that be all?

 Actually, I'll also take a Barbecue Chicken Cheese Ciabatta to go.

Perfect! You can grab the ciabatta from the display and hand it to me. Would you like it warmed up?

 Yes, please. Oh, and can I get a wet wipe, too?

Sure. Your total is $11.50. How would you like to pay?

 Can I use Apple Pay?

Of course, just **tap** your phone right here. ... You're all set! Do you need a receipt?

 No, I'm good.

---

warm up 데우다 **wet wipe** 물티슈 **receipt** 영수증

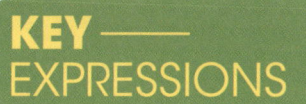

1. grande

스타벅스에서 16온스 컵의 이름은 [그랜드]가 아닌 [그란데]로 발음합니다. 카페에서 음료 사이즈는 주로 small, medium, large를 사용하지만, 이탈리아의 느낌을 원했던 스타벅스 창업자의 선택입니다.

Can I get a **grande** latte with oat milk, please?
그란데 사이즈 라떼에 오트 밀크로 주시겠어요?

2. half-caf

decaf는 decaffeinated의 줄임말로, '카페인이 제거된' 커피를 의미합니다. half-caf는 '카페인 양이 절반인', 곧 일반 커피와 디카페인 커피를 반반 섞은 커피입니다.

I ordered a **half-caf** latte because I am sensitive to caffeine.
난 카페인에 민감해서 2분의 1 디카페인 라떼를 시켰어.

3. to go

음식점이나 카페에서 주문한 것을 먹고 갈 때는 'for here', 포장해 갈 때는 'to go'라고 합니다. 참고로, 영국에서는 'to go' 대신 'to take away'를 씁니다.

The latte is for here, but I will have the Americano **to go**, please.
라떼는 여기서 마시고 아메리카노는 가져갈게요.

4. tap

tap은 '(사람이나 물건을) 가볍게 툭 치다', '두드리다'라는 뜻입니다. 물리적인 동작뿐만 아니라 터치스크린 동작이나 카드, 스마트폰 결제와 같은 디지털 관련 행동에서도 사용됩니다.

She **tapped** me on the shoulder to get my attention.
그녀는 내 어깨를 가볍게 두드려 내 주의를 끌었다.

A 안녕하세요, 그란데 사이즈 아이스 아메리카노 2분의 1 디카페인으로 주문할 수 있을까요?
B 물론이죠! 이것만 하시나요?
A 아뇨, 바비큐 치킨 치즈 치아바타도 하나 포장해 갈게요.
B 좋습니다! 치아바타는 진열대에서 집어서 저에게 주시면 됩니다. 데워 드릴까요?
A 네, 부탁드려요. 아, 그리고 물티슈도 하나 받을 수 있을까요?
B 알겠습니다. 총 11달러 50센트입니다. 결제는 어떻게 하시겠어요?
A 애플 페이가 되나요?
B 그럼요, 여기에 휴대폰을 대 주세요. ... 됐습니다! 영수증 필요하세요?
A 아뇨, 괜찮아요.

B ROLE-PLAY TRAINING

먼저 B가 되어 대화해 보세요.

A Hi, can I get a grande iced half-caf Americano to go?

B **물론이죠! 이것만 하시나요?**

A Actually, I'll also take a Barbecue Chicken Cheese Ciabatta to go.

B **좋습니다! 치아바타는 진열대에서 집어서 저에게 주시면 됩니다. 데워 드릴까요?**

A Yes, please. Oh, and can I get a wet wipe, too?

B **알겠습니다. 총 11달러 50센트입니다. 결제는 어떻게 하시겠어요?**

A Can I use Apple Pay?

B **그럼요, 여기에 휴대폰을 대 주세요. ... 됐습니다! 영수증 필요하세요?**

A No, I'm good.

1 ciaba:tta는 /tʃəˈbætə/[취배-라] 또는 /tʃəˈbɑːtə/[취바-라]처럼 발음합니다. 치아바타(x)
2 receipt/rɪˈsiːt/의 p는 묵음이고, 2음절 강세+장음으로 2음절의 음가를 높여 [뤼씨일]처럼 발음합니다.

앞에서 배운 대화문의 상대방이 되어 직접 말해 보세요.

이번에는 A가 되어 대화해 보세요.

A 안녕하세요, 그런데 사이즈 아이스 아메리카노 2분의 1 디카페인으로 주문할 수 있을까요?

B Sure thing! Will that be all?

A 아뇨, 바비큐 치킨 치즈 치아바타도 하나 포장해 갈게요.

B Perfect! You can grab the ciabatta from the display and hand it to me. Would you like it warmed up?

A 네, 부탁드려요. 아, 그리고 물티슈도 하나 받을 수 있을까요?

B Sure. Your total is $11.50. How would you like to pay?

A 애플 페이가 되나요?

B Of course, just tap your phone right here. ... You're all set! Do you need a receipt?

A 아뇨, 괜찮아요.

오늘의 한 문장

Can I get a wet wipe, too?
물티슈도 하나 받을 수 있을까요?

Unit 04   During a Walk 산책 중에

(B's dog stops at A) **How cute! What's its name?**

It's Charlie. I think he likes you.

His long, curly ears are gorgeous! Is it okay if I **pet** him?

Sure! He loves getting attention from new people.

I can tell. Wow, his fur is so soft! Does he enjoy his walks here?

More than anything — it's his favorite part of the day. Do you come here often?

I'm actually new here. I just **moved in** last week.

Oh, welcome to the neighborhood!

Thanks. It was really nice meeting both of you.

---

curly 곱슬곱슬한 gorgeous 멋진 attention 관심 neighborhood 동네

28

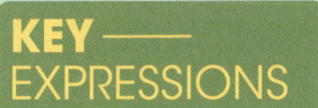

KEY EXPRESSIONS

1. pet

pet은 '쓰다듬다', pat은 '가볍게 톡톡 치다'라는 뜻입니다. pet이 비교적 더 오랫동안, 애정을 담아서 만진다는 의미가 있으며, 동물을 만지는 행위는 둘 다 모두 가능합니다. 단, 문화권에 따라 사람을 만지는 것을 pet으로 표현하면 무례하다고 느낄 수 있으니 pet은 동물에게만 쓰세요.

Cats don't always like to be petted.
고양이들이 쓰다듬어 주는 걸 항상 좋아하는 건 아니더라.

2. I can tell.

여기서 tell은 '말하다'가 아닌 '알아차리다', '분간하다'라는 뜻으로, "I can tell."은 관찰을 통해 상대방의 감정이나 상황을 직감적으로 감지하거나 알아차렸다고 느낄 때 사용하는 표현입니다.

I can tell you've been working out really hard!
너 요즘 운동 진짜 열심히 하는 거 티 난다!

3. more than anything

'무엇보다도', '아주 많이'라는 뜻으로, 꼭 '최고로'라는 의미에 제한되지 않고 감정이나 선호를 강조할 때 쓰입니다. 문장의 앞, 중간, 끝 어디에든 쓸 수 있습니다.

I miss In-N-Out Burgers more than anything from California.
난 무엇보다 캘리포니아의 인앤아웃 햄버거가 가장 그리워.

4. move in

'이사를 오다'라는 뜻으로, 목적지를 언급하지 않고도 사용할 수 있습니다. 참고로, 'move in with ~'는 '~와 함께 살기 시작하다'라는 뜻인데, 이 경우 in은 새로운 공동 주거지를 강조합니다.

I decided to move in with my parents temporarily.
나는 부모님과 잠시 같이 살기로 결정했다.

A (B의 강아지가 A 곁에 멈춘다) 귀여워라! 이름이 뭐예요?
B 찰리예요. 당신을 좋아하는 것 같네요.
A 길고 곱슬곱슬한 귀가 정말 멋지네요! 한번 쓰다듬어도 될까요?
B 그럼요! 찰리는 새로운 사람으로부터 관심 받는 걸 아주 좋아해요.
A 그런 것 같네요. 와, 털이 정말 부드러워요! 찰리가 여기서 산책하는 걸 좋아하나요?
B 그 무엇보다요. 찰리가 하루 중 가장 좋아하는 시간이에요. 여기에 자주 오세요?
A 사실 전 여기에 새로 왔어요. 지난주에 이사를 왔거든요.
B 오, 저희 동네에 오신 걸 환영해요!
A 고마워요. 둘 다 만나서 정말 반가웠어요.

ROLE-PLAY TRAINING

먼저 B가 되어 대화해 보세요.

A (B's dog stops at A) How cute! What's its name?

B **찰리예요. 당신을 좋아하는 것 같네요.**

A His long, curly ears are gorgeous! Is it okay if I pet him?

B **그럼요! 찰리는 새로운 사람으로부터 관심 받는 걸 아주 좋아해요.**

A I can tell. Wow, his fur is so soft! Does he enjoy his walks here?

B **그 무엇보다요. 찰리가 하루 중 가장 좋아하는 시간이에요. 여기에 자주 오세요?**

A I'm actually new here. I just moved in last week.

B **오, 저희 동네에 오신 걸 환영해요!**

A Thanks. It was really nice meeting both of you.

1. 'I can tell'에서 긍정인 can을 너무 세게 발음하면 부정인 can't와 혼동될 수 있으니 [큰]과 [캔] 사이 정도로 발음하고, can 뒤에 나오는 본동사를 더 강조하여 읽어 주세요.
2. neighborhood/neɪbərhʊd/의 [gh]는 묵음으로, 1음절 강세로 [네이버훋]처럼 발음합니다.

앞에서 배운 대화문의 상대방이 되어 직접 말해 보세요.

이번에는 A가 되어 대화해 보세요.

A (B의 강아지가 A의 곁에 멈춘다) **귀여워라! 이름이 뭐예요?**

B It's Charlie. I think he likes you.

A **길고 곱슬곱슬한 귀가 정말 멋지네요! 한번 쓰다듬어도 될까요?**

B Sure! He loves getting attention from new people.

A **그런 것 같네요. 와, 털이 정말 부드러워요! 찰리가 여기서 산책하는 걸 좋아하나요?**

B More than anything – it's his favorite part of the day. Do you come here often?

A **사실 전 여기에 새로 왔어요. 지난주에 이사를 왔거든요.**

B Oh, welcome to the neighborhood!

A **고마워요. 둘 다 만나서 정말 반가웠어요.**

오늘의 한 문장

Is it okay if I pet him?
한번 쓰다듬어도 될까요?

Unit 05 At an Amusement Park 놀이공원에서

 Let's hurry inside! **It's been ages since** I've been here.

 Same for me. We got the all-day pass, right?

 Of course. We can ride everything as much as we want. Which ride should we start with?

 Let's start with the Amazon Express since the line is always long.

 Great! I've really wanted to try that one.

 … Oh my, a three-hour wait? Is it really worth waiting for?

 Hmm, how about we go on the Viking then?

 Sounds good, but can we **grab something to eat on the way** first?

 OK, but let's not eat too much. We don't want to **feel nauseous** on the rides.

---

as much as ~만큼   be worth -ing ~할 가치가 있다

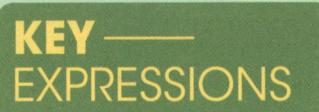

1. It's been ages since ~

'~한 지 정말 오래됐다'라는 뜻으로, since 뒤에 과거의 일이나 시점이 옵니다. ages 대신 forever을 써서 'It's been forever'라고 표현해도 캐주얼한 뉘앙스를 유지할 수 있습니다.

It's been ages since I've been to the sea.
바다에 가 본 지 정말 오래됐어.

2. grab something to eat

갖추어진 식사가 아닌, 빠르고 간단하게 음식을 먹을 때 사용하는 표현입니다. 'grab some food', 'grab a bite'라고 말할 수도 있으며, 'grab a burger', 'grab a coffee'처럼 grab 뒤에 음식이나 음료 이름을 넣어 말할 수 있습니다.

I'll go **grab something to eat** before the class starts.
수업이 시작하기 전에 가서 요기 좀 하고 올게.

3. on the way

'가는 길에', '오는 길에'라는 의미로, the 대신 my, your와 같은 소유격을 넣을 수도 있습니다. 뒤에 'to+목적지' 형태를 추가해 어디에 가는 길인지 구체적으로 나타낼 수 있습니다.

Could you pick up Harris **on the way** here?
여기 오는 길에 해리스를 데려와 줄 수 있을까?

4. feel nauseous

nauseous는 '메스꺼운'의 뜻을 가진 형용사로, 'feel nauseous'는 '토할 것 같다', '속이 울렁거리다'로 해석합니다. 실제 메스꺼움뿐만 아니라, 역겨운 감정이나 혐오감에도 사용됩니다.

Let me drive! Your reckless driving makes me **feel nauseous**.
내가 운전할게! 넌 난폭 운전을 해서 속이 울렁거린단 말이야.

A 얼른 들어가자! 나 여기 와 본 지 엄청 오래됐어.
B 나도야. 우리 자유이용권 끊은 거 맞지?
A 당연하지. 우리가 원하는 만큼 실컷 탈 수 있어. 어떤 기구부터 시작할까?
B 아마존 익스프레스가 줄이 항상 기니까 그것부터 타자.
A 아주 좋아! 그거 진짜 타 보고 싶었어.
B … 맙소사, 3시간이나 기다려? 정말 이걸 기다릴 가치가 있는 걸까?
A 흠, 그럼 바이킹부터 타는 게 어떨까?
B 좋아. 근데 우선 가는 길에 뭐 좀 먹을 수 있을까?
A 그래. 근데 너무 많이 먹진 말자. 기구 탈 때 속이 울렁거리면 안 되니까.

ROLE-PLAY TRAINING

먼저 B가 되어 대화해 보세요.

A Let's hurry inside! It's been ages since I've been here.

B **나도야. 우리 자유이용권 끊은 거 맞지?**

A Of course. We can ride everything as much as we want. Which ride should we start with?

B **아마존 익스프레스가 줄이 항상 기니까 그것부터 타자.**

A Great! I've really wanted to try that one.

B **… 맙소사, 3시간이나 기다려? 정말 이걸 기다릴 가치가 있는 걸까?**

A Hmm, how about we go on the Viking then?

B **좋아. 근데 우선 가는 길에 뭐 좀 먹을 수 있을까?**

A OK, but let's not eat too much. We don't want to feel nauseous on the rides.

1. nauseous는 1음절 강세+장음으로 미국식은 /nɔːʃəs/[너-셔ㅅ], 영국식은 /nɔːziəs/ [노-지어ㅅ]처럼 발음합니다.
2. Amazon/ˈæməzɑːn/은 1음절 강세, 3음절 장음으로 [애마잔-]에 가깝게 소리냅니다.

앞에서 배운 대화문의 상대방이 되어 직접 말해 보세요.

이번에는 A가 되어 대화해 보세요.

A 얼른 들어가자! 나 여기 와 본 지 엄청 오래됐어.

B Same for me. We got the all-day pass, right?

A 당연하지. 우리가 원하는 만큼 실컷 탈 수 있어. 어떤 기구부터 시작할까?

B Let's start with the Amazon Express since the line is always long.

A 아주 좋아! 그거 진짜 타 보고 싶었어.

B ... Oh my, a three-hour wait? Is it really worth waiting for?

A 흠, 그럼 바이킹부터 타는 게 어떨까?

B Sounds good, but can we grab something to eat on the way first?

A 그래. 근데 너무 많이 먹진 말자. 기구 탈 때 속이 울렁거리면 안 되니까.

오늘의 한 문장

It's been ages since I've been here.
나 여기 와 본 지 엄청 오래됐어.

Unit 06 Fried Chicken Night 치킨 야식

 Do you want to **order in** fried chicken tonight?

You read my mind! It's been a long time since I've had fried chicken, so I was **craving** it.

 Me too! I'll **place an order** on the app. What should we get?

How about sauced boneless?

 Actually, I was thinking of plain. Can we **go half-and-half**?

Sure, that works. And I want some French fries as a side.

 Hmm, I was thinking of spicy rice cakes. Should we get both?

Why not? And should we add a large Coke?

 I suddenly feel guilty about the soda with everything else. I'll just have water.

boneless 뼈 없는 spicy rice cakes 떡볶이 guilty 죄책감

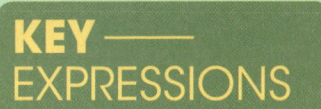

1. order in

'음식을 배달 주문하다'라는 뜻입니다. 여기서 'in'은 실내로 음식을 배달시킨다는 의미가 있어, 한강과 같은 야외에서 배달을 시키는 경우에는 틀린 표현이 되겠습니다.

I'm too tired to cook tonight, so let's **order in**.
나 오늘 너무 피곤해서 요리 못할 거 같으니까 시켜 먹자.

2. crave

'갈망하다', '(특정 음식이) 먹고 싶다', '당기다'라는 뜻으로, 음식, 감정, 경험 등 다양한 대상을 강하게 원할 때 쓰는 동사입니다. 'I have a craving for ~'의 형태로도 표현할 수 있습니다.

I'm **craving** peace and quiet after this busy week.
이 바쁜 주가 지나고 나니 평온과 고요함이 간절해.

3. place an order

'주문하다'라는 의미로, 음식뿐 아니라 제품을 주문할 때도 이 표현을 쓸 수 있습니다.

You can get more discounts if you **place an order** on the app.
앱에서 주문하면 할인을 더 많이 받아.

4. go half-and-half

말 그대로 '절반씩 하다'라는 표현입니다. 대화문처럼 여러 가지 옵션 중 두 개를 고를 수 있는 상황에도 쓰이고, 비용이나 일을 '절반씩 부담하다'라는 의미로도 사용할 수 있습니다.

Let's **go half and half** on the pizza. You pick a half first, and I'll pick the other.
반반 피자로 시키자. 너 먼저 한 쪽 고르고, 내가 다른 쪽을 고를게.

A 오늘 밤에 치킨 시켜 먹을래?
B 우리 통했네! 치킨 안 먹은 지 오래 되어서 당겼거든.
A 나도야! 앱에서 주문할게. 어떤 거 시킬까?
B 순살 양념 치킨 어때?
A 사실 난 후라이드를 생각하고 있었어. 반반으로 할래?
B 그래, 그렇게 하면 되겠다. 그리고 난 사이드로 감자튀김을 먹고 싶어.
A 음, 난 떡볶이를 생각하고 있었는데. 둘 다 시킬까?
B 안 될 게 뭐 있어? 그리고 콜라는 라지 사이즈로 추가할까?
A 갑자기 이 모든 거에 탄산음료는 죄책감이 드네. 난 그냥 물 마실게.

먼저 B가 되어 대화해 보세요.

A Do you want to order in fried chicken tonight?

B **우리 통했네! 치킨 안 먹은 지 오래 되어서 당겼거든.**

A Me too! I'll place an order on the app. What should we get?

 B **순살 양념 치킨 어때?**

A Actually, I was thinking of plain. Can we go half-and-half?

 B **그래, 그렇게 하면 되겠다. 그리고 난 사이드로 감자튀김을 먹고 싶어.**

A Hmm, I was thinking of spicy rice cakes. Should we get both?

 B **안 될 게 뭐 있어? 그리고 콜라는 라지 사이즈로 추가할까?**

A I suddenly feel guilty about the soda with everything else. I'll just have water.

발음 tip

1. 'want to'를 구어체에서 빠르게 발화하면 [워너]처럼 들립니다.
2. 'How about'은 [하우 어바웃]보다는, 두 단어를 빠르고 부드럽게 연결하여 [하우바웃]처럼 발음해 보세요.

이번에는 A가 되어 대화해 보세요.

 A 오늘 밤에 치킨 시켜 먹을래?

B You read my mind! It's been a long time since I've had fried chicken, so I was craving it.

A 나도야! 앱에서 주문할게. 어떤 거 시킬까?

B How about sauced boneless?

A 사실 난 후라이드를 생각하고 있었어. 반반으로 할래?

B Sure, that works. And I want some French fries as a side.

 A 음, 난 떡볶이를 생각하고 있었는데. 둘 다 시킬까?

B Why not? And should we add a large Coke?

 A 갑자기 이 모든 거에 탄산음료는 죄책감이 드네. 난 그냥 물 마실게.

오늘의 한 문장

You read my mind!
우리 통했네!

Unit 07 Choosing a Jacket 재킷 고르기

While we're out shopping, I want to get a jacket. Can you help me pick one?

Sure. Go ahead and **try** some **on**.

What do you think? Does it suit me?

Not really. I would choose something more practical. That's got too many decorations.

You're right. Let me try another one. How's this one?

Maybe a simpler design would be better. The pattern is a bit too much.

I agree. What about this one?

Honestly, that's not the best for you. ...
Hey, I think this one would **look better on** you.

I have that exact jacket at home. You're **picky**, but **you have a good eye!**

---

suit 어울리다 practical 실용적인 decoration 장식 exact 완전히 똑같은

KEY EXPRESSIONS

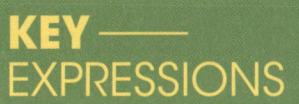

1. try ~ on

옷이나 신발 등을 '시험 삼아 입어 보다'라는 뜻으로, 주로 매장에서 쓰이는 표현입니다.

Excuse me, can I try these on?
저기요, 이것들을 입어볼 수 있을까요?

2. look better on ~

'look better on ~'은 옷이나 액세서리처럼 몸에 걸치는 무언가가 '~에게 잘 어울리다'라는 뜻으로, A보다 B가 '더 잘 어울린다'고 비교할 때는 good의 비교급인 better을 사용합니다.

I think the striped hat looks better on you than the pink one.
내 생각에 너한테는 줄무늬 모자가 분홍 모자보다 더 어울리는 것 같아.

3. picky

'까다로운', '가리는 것이 많은' 사람을 묘사할 때 사용되는 형용사로, 음식을 비롯한 다양한 취향에 대해 말할 때 '너무 세심하게 따지는'의 뉘앙스를 전달합니다.

She's really picky about her hairstyle, so it takes her forever to decide.
그녀는 헤어스타일에 대해 정말 까다로워서 결정하는 데 아주 오래 걸린다.

4. You have a good eye!

물건을 보는 '안목', '취향'도 eye라고 말할 수 있습니다. 패션, 예술 등의 영역에서 세련된 감각을 지녔음을 칭찬하는 말입니다. '시력'에 대한 말일 수도 있으니 대화의 맥락을 유념해 주세요.

I didn't know you had such a good eye for soccer shoes.
난 네가 축구화를 보는 안목이 그렇게 좋은 줄은 몰랐지.

A 쇼핑 나온 김에 나 재킷을 하나 사야겠어. 고르는 거 도와줄래?
B 물론이지. 가서 몇 개 입어 봐.
A 어떤 것 같아? 나한테 어울려?
B 그다지. 나라면 더 실용적인 걸 선택할 것 같아. 그건 장식이 너무 많아.
A 네 말이 맞아. 다른 걸 입어 볼게. 이건 어때?
B 더 심플한 디자인이 더 나을 것 같아. 패턴이 좀 과한 느낌이야.
A 동감이야. 이건 어때?
B 솔직히, 그게 너한테 최고는 아니야. ...
야, 내 생각에 이게 너한테 더 잘 어울릴 것 같아.
A 나 집에 완전 똑같은 재킷이 있어. 너 까다롭긴 해도 보는 눈이 있네!

먼저 B가 되어 대화해 보세요.

A While we're out shopping, I want to get a jacket. Can you help me pick one?

B **물론이지. 가서 몇 개 입어 봐.**

A What do you think? Does it suit me?

B **그다지. 나라면 더 실용적인 걸 선택할 것 같아. 그건 장식이 너무 많아.**

A You're right. Let me try another one. How's this one?

B **더 심플한 디자인이 더 나을 것 같아. 패턴이 좀 과한 느낌이야.**

A I agree. What about this one?

B **솔직히, 그게 너한테 최고는 아니야. …
야, 내 생각에 이게 너한테 더 잘 어울릴 것 같아.**

A I have that exact jacket at home. You're picky, but you have a good eye!

1. jacket /dʒækɪt/은 [췍킽]처럼 발음합니다. 자켓(x)
2. honestly /ɑːnɪstli/의 h는 묵음으로, [아-니슽을리]에 가깝게 소리냅니다.

앞에서 배운 대화문의 상대방이 되어 직접 말해 보세요.

이번에는 A가 되어 대화해 보세요.

 A 쇼핑 나온 김에 나 재킷을 하나 사야겠어. 고르는 거 도와줄래?

B Sure. Go ahead and try some on.

 A 어떤 것 같아? 나한테 어울려?

B Not really. I would choose something more practical. That's got too many decorations.

 A 네 말이 맞아. 다른 걸 입어 볼게. 이건 어때?

B Maybe a simpler design would be better. The pattern is a bit too much.

 A 동감이야. 이건 어때?

B Honestly, that's not the best for you. ...
Hey, I think this one would look better on you.

 A 나 집에 완전 똑같은 재킷이 있어. 너 까다롭긴 해도 보는 눈이 있네!

오늘의 한 문장

You're picky, but you have a good eye!
너 까다롭긴 해도 보는 눈이 있네!

Unit 08 Adopting a Cat 고양이 입양하기

 Those kittens are adorable! Whose are they?

My friend's cat just had five kittens, and I'm thinking about adopting one.

 That's so exciting! Have you decided which one to adopt?

It's hard to choose, but I'm **leaning toward** the brown one.

 That one looks lovely. Have you thought about what to name it?

Maybe something like Mocha or Maple.

 Those are cute names! When are you bringing the kitten home?

If everything goes well, next weekend. I'll need to shop for some supplies soon.

 I can't wait to meet your new family member. I'm sure you're going to be a great **cat parent**!

---

kitten 새끼 고양이 **adorable** 사랑스러운, 매우 귀여운 **adopt** 입양하다 **supply** 용품, 비품

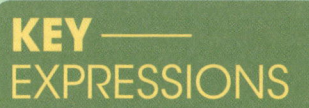

1. lean toward

'~쪽으로 마음이 기울다'라는 의미로, 여러 가지 선택지 중 선호나 동의를 표현할 때 씁니다.

I'm **leaning toward** the black car over the white one.
난 흰 차보다 검은 차에 더 끌려.

2. If everything goes well

'모든 일이 잘 풀린다면'이라는 뜻입니다. 같은 문장 안에 주로 '~할 거야'의 내용이 오겠지요. 100% 확실하지는 않고 변수가 있지만, 긍정적이기를 바란다는 기대감을 담은 표현입니다.

I'll be discharged from the hospital in a week **if everything goes well**.
모든 게 잘 되면, 난 1주일 후에 퇴원할 거야.

3. I can't wait to+동사

직역하면 '~하고 싶어 기다릴 수 없다'로, '얼른 ~하고 싶다'라는 뜻입니다. 기대감이 아주 클 때 사용합니다. 구어체에서는 주어 I를 생략하고 말하기도 합니다.

I can't wait to try the new dish at the restaurant.
빨리 그 식당의 신 메뉴를 먹어 보고 싶다.

4. cat parent

영어에서 '고양이를 키우는 사람'은 'cat parent'나 'cat owner'라고 하고, 유머러스하게는 'cat servant'라고 표현할 수 있습니다. 참고로, '아기 돌보미'라는 단어인 'babysitter'에 빗대어 고양이를 잠시 맡아 돌봐 주는 사람을 catsitter(=cat sitter)라고 합니다.

Every **cat parent** knows their cat rules the house.
모든 고양이 집사는 고양이가 집에서 왕이라는 걸 안다.

해석

A 그 아기 고양이들 너무 귀엽다! 누구네 고양이들이야?
B 내 친구네 고양이가 새끼를 5마리 낳았는데, 한 마리를 입양하려고 생각 중이야.
A 너무 신나겠다! 어떤 고양이를 입양할지 결정했어?
B 선택하기 어려운데, 난 갈색 고양이한테 마음이 기울고 있어.
A 그 아이 사랑스러워 보여. 이름은 뭘로 지을지 생각해 봤어?
B 아마 모카나 메이플 같은 거.
A 귀여운 이름이다! 아기 고양이를 언제 집에 데려올 거야?
B 모든 게 잘 진행된다면 다음 주말에. 곧 용품들을 사러 가야겠다.
A 네 새 가족을 만나는 거 너무 기대돼. 넌 분명히 아주 좋은 집사가 될 거야!

ROLE-PLAY TRAINING

먼저 B가 되어 대화해 보세요.

A Those kittens are adorable! Whose are they?

B **내 친구네 고양이가 새끼를 5마리 낳았는데, 한 마리를 입양하려고 생각 중이야.**

A That's so exciting! Have you decided which one to adopt?

B **선택하기 어려운데, 난 갈색 고양이한테 마음이 기울고 있어.**

A That one looks lovely. Have you thought about what to name it?

B **아마 모카나 메이플 같은 거.**

A Those are cute names! When are you bringing the kitten home?

B **모든 게 잘 진행된다면 다음 주말에. 곧 용품들을 사러 가야겠다.**

A I can't wait to meet your new family member. I'm sure you're going to be a great cat parent!

1. adorable/əˈdɔːrəbl/은 2음절 강세+장음으로 [do] 음절을 길고 높게 소리 내 주세요. [어도-뤄블]이라고 발음합니다.
2. 문장에서 can't와 같은 부정어구(not, never, won't 등)는 다소 강하게 읽어 줍니다. Can't는 [캐앤트]처럼 너무 짧지 않게 발음해 주세요.

앞에서 배운 대화문의 상대방이 되어 직접 말해 보세요.

이번에는 A가 되어 대화해 보세요.

A 그 아기 고양이들 너무 귀엽다! 누구네 고양이들이야?

B My friend's cat just had five kittens, and I'm thinking about adopting one.

A 너무 신나겠다! 어떤 고양이를 입양할지 결정했어?

B It's hard to choose, but I'm leaning toward the brown one.

A 그 아이 사랑스러워 보여. 이름은 뭘로 지을지 생각해 봤어?

B Maybe something like Mocha or Maple.

A 귀여운 이름이다! 아기 고양이를 언제 집에 데려올 거야?

B If everything goes well, next weekend. I'll need to shop for some supplies soon.

A 네 새 가족을 만나는 거 너무 기대돼. 넌 분명히 아주 좋은 집사가 될 거야!

오늘의 한 문장
I'm leaning toward the brown one.
난 갈색 고양이한테 마음이 기울고 있어.

Unit 09 Luck of the Day 오늘의 운세

 Hey, what are you up to?

I'm just checking out the daily Chinese zodiac reading for Tigers.

 I didn't know you **were into** that kind of stuff.

Just for fun, you know. It's nice to hear some positive words, and **it never hurts to be cautious.**

 Fair enough. So, what does it say for Tigers?

It says having an Ox around can be very helpful today.

 That's me! But I wonder how I can be helpful.

You totally can by buying me lunch! I forgot my wallet at home.

 Again? Hey, check my reading! I think it would say '**stay away from** Tigers.'

---

be up to ~을 하다   Chinese zodiac 12간지(띠)   totally 완전히

KEY EXPRESSIONS

1. be into

'~를 좋아하다', '~에 관심이 있다'라는 뜻의 캐주얼한 표현으로, 대상은 사람, 활동, 물건, 무엇이든 될 수 있습니다.

I think he's really **into** Kate. He can't stop talking about her.
그가 케이트에게 정말 빠져 있는 것 같아. 그녀 얘기를 멈추질 않아.

2. It never hurts to be cautious.

"조심해서 나쁠 건 없다."라는 말로, "Be careful.", "Watch out."이 보다 임박하고 확실한 위험에 대한 경고인 반면, 이 표현은 '유비무환' 정도로 볼 수 있습니다.

Check the weather before you go out because **it never hurts to be cautious**. 조심해서 나쁠 건 없으니까 나가기 전에 날씨를 확인해.

3. Fair enough.

직역은 "충분히 정당하네."로, 상대방의 제안을 수긍할 때, 혹은 동의까지는 아니지만 입장을 이해하고 넘어갈 때 "그럴 수 있지."라는 의미로 씁니다.

A: I think we should consider more options.
B: **Fair enough.** Why don't we talk again this weekend?
A: 난 우리가 다른 대안들도 좀 봤으면 해. / B: 알겠어. 주말에 다시 얘기하는 게 어때?

4. stay away from ~

'~와 거리를 두다', '~를 피하다'라는 뜻으로, 명령문으로 쓰일 때는 강한 경고의 표현이므로 매우 친한 사이가 아니라면 사용을 조심해야 합니다.

Stay away from the puddle! It just rained!
웅덩이에 가까이 가지 마! 비가 온 지 얼마 안 됐잖아!

해석

A 어이, 뭐 하고 있어?
B 그냥 호랑이띠의 오늘의 운세를 보고 있어.
A 네가 그런 걸 좋아하는 줄 몰랐네.
B 그냥 재미로 보는 거지. 긍정적인 말을 들으면 좋고, 조심해서 나쁠 것도 없으니까.
A 그렇긴 하지. 그래서, 호랑이띠의 운세는 뭐래?
B 오늘 소띠인 사람이 주변에 있는 게 아주 도움이 될 수 있대.
A 그거 난데! 근데 내가 어떻게 도움이 될 수 있나 궁금하네.
B 나 점심 사 주는 걸로 완전 도움이 되지! 지갑을 집에 놓고 왔거든.
A 또? 야, 내 운세 좀 봐봐! '호랑이띠를 멀리하라'고 할 것 같아.

B ROLE-PLAY TRAINING

먼저 B가 되어 대화해 보세요.

A Hey, what are you up to?

B 그냥 호랑이띠의 오늘의 운세를 보고 있어.

A I didn't know you were into that kind of stuff.

B 그냥 재미로 보는 거지. 긍정적인 말을 들으면 좋고, 조심해서 나쁠 것도 없으니까.

A Fair enough. So, what does it say for Tigers?

B 오늘 소띠인 사람이 주변에 있는 게 아주 도움이 될 수 있대.

A That's me! But I wonder how I can be helpful.

B 나 점심 사 주는 걸로 완전 도움이 되지! 지갑을 집에 놓고 왔거든.

A Again? Hey, check my reading! I think it would say 'stay away from Tigers.'

발음 tip

1. 미국식으로 ox/ɑːks/는 [악-ㅅ]처럼 발음합니다.
2. totally/tˈoʊtəli/는 1음절 강세로 [to]의 음가를 높여 [토틀리] 또는 [토틀리]에 가깝게 발음합니다. 토탈리(x)

50

앞에서 배운 대화문의 상대방이 되어 직접 말해 보세요.

이번에는 A가 되어 대화해 보세요.

A 어이, 뭐 하고 있어?

B I'm just checking out the daily Chinese zodiac reading for Tigers.

A 네가 그런 걸 좋아하는 줄 몰랐네.

B Just for fun, you know. It's nice to hear some positive words, and it never hurts to be cautious.

A 그렇긴 하지. 그래서, 호랑이띠의 운세는 뭐래?

B It says having an Ox around can be very helpful today.

A 그거 난데! 근데 내가 어떻게 도움이 될 수 있나 궁금하네.

B You totally can by buying me lunch! I forgot my wallet at home.

A 또? 야, 내 운세 좀 봐봐! '호랑이띠를 멀리하라'고 할 것 같아.

오늘의 한 문장

It never hurts to be cautious.
조심해서 나쁠 건 없어.

Unit 10 Spring Picnic 봄 나들이

 Dave, the weather has been lovely lately. It'd be nice to spend some time outside together this weekend.

That's a great idea! Plus, it's cherry blossom season. Do you have any place **in mind**?

 How about Hangang Park? We could bring a mat and just **chill**.

Cool! I'll prepare something special for us to eat.

 Oh? What are you planning to make?

I want to surprise you with this recipe I found on YouTube. It looked simple but very tasty.

 I can't wait to try that!

Just in case it's chilly, bring a light jacket.

 Will do. I'll also bring a throw blanket.

---

cherry blossom 벚꽃 recipe 레시피, 요리법 chilly 쌀쌀한
throw blanket 작고 가벼운 담요

KEY EXPRESSIONS

1. in mind

명사 mind는 보통 사고, 생각, 의식과 같은 정신적 활동에 가까운 표현으로 사용됩니다. 'in mind'는 '마음에 둔', 따라서 '고려하는'의 의미를 갖습니다.

I have a specific gift in mind for his birthday.
그의 생일 선물로 특정한 걸 생각해 뒀어.

2. chill

동사 chill의 원래 뜻은 '식히다'이며, 때에 따라 '진정하다', '특별히 하는 일 없이 쉬다' 등의 뜻으로 쓸 수 있습니다.

I like to chill with some music after a long day at work.
난 긴 하루 일을 마친 후에 음악 들으면서 편히 쉬는 게 좋아.

3. just in case

불확실한 상황에 대해 '혹시 모르니', '만일을 대비해'라는 의미입니다. 그 자체로도 쓸 수 있고, 뒤에 바로 '주어+동사'를 더해 '~할 경우를 대비해'라고 더 구체적으로 쓸 수도 있습니다.

Take my phone number just in case you need my help.
도움이 필요하실 수도 있으니까 제 전화번호를 가져가세요.

4. Will do.

"그렇게 할게."입니다. "I will do that."의 주어와 목적어를 통째로 생략한 표현입니다. 이렇게 주어와 목적어를 생략하는 것은 영어에서는 몇 안 되는 경우로, 비격식적인 대화체입니다.

Will do. See you at eight tonight.
그러자. 오늘 밤 8시에 보자.

A 데이브, 요즘 날씨가 너무 좋다. 이번 주말에 같이 밖에서 시간을 보내면 좋겠어.
B 아주 좋은 생각이야! 게다가 벚꽃 시즌이니까. 생각해 둔 장소가 있어?
A 한강 공원 어때? 돗자리를 챙겨 가서 편하게 쉴 수 있잖아.
B 좋지! 우리가 먹을 특별한 걸 준비해 갈게.
A 오? 뭘 만들 생각인데?
B 유튜브에서 찾은 레시피가 있는데, 놀라게 해 주고 싶어. 간단하지만 엄청 맛있어 보였어.
A 얼른 먹어 보고 싶네!
B 혹시 추울 수도 있으니 가벼운 재킷을 가져와.
A 그럴게. 무릎 담요도 가져갈게.

먼저 B가 되어 대화해 보세요.

A Dave, the weather has been lovely lately. It'd be nice to spend some time outside together this weekend.

B **아주 좋은 생각이야! 게다가 벚꽃 시즌이니까. 생각해 둔 장소가 있어?**

A How about Hangang Park? We could bring a mat and just chill.

B **좋지! 우리가 먹을 특별한 걸 준비해 갈게.**

A Oh? What are you planning to make?

B **유튜브에서 찾은 레시피가 있는데, 놀라게 해 주고 싶어. 간단하지만 엄청 맛있어 보였어.**

A I can't wait to try that!

B **혹시 추울 수도 있으니 가벼운 재킷을 가져와.**

A Will do. I'll also bring a throw blanket.

---

1. mat/mæt/를 너무 짧게 발음하면 [met]와 혼동될 수 있으니 입을 좀 더 벌려 [매앹ㅌ]처럼 발음해 주세요.
2. recipe/resəpi/는 1음절 강세로, R 사운드에 유의해 [뤠써피]처럼 발음합니다. 레씨피(x)

이번에는 A가 되어 대화해 보세요.

 A 데이브, 요즘 날씨가 너무 좋다. 이번 주말에 같이 밖에서 시간을 보내면 좋겠어.

B That's a great idea! Plus, it's cherry blossom season. Do you have any place in mind?

A 한강 공원 어때? 돗자리를 챙겨 가서 편하게 쉴 수 있잖아.

B Cool! I'll prepare something special for us to eat.

A 오? 뭘 만들 생각인데?

B I want to surprise you with this recipe I found on YouTube. It looked simple but very tasty.

 A 얼른 먹어 보고 싶네!

B Just in case it's chilly, bring a light jacket.

 A 그럴게. 무릎 담요도 가져갈게.

오늘의 한 문장

Just in case it's chilly, bring a light jacket.
혹시 추울 수도 있으니 가벼운 재킷을 가져와.

Unit 11 Small Talk at Lunch 점심 시간 스몰토크

 I'm starving. I can't wait for our food to come out.

Me too. So, what did you do last weekend?

 I went hiking with a friend. I thought it'd be chilly, but luckily the weather was great.

Oh yeah? I **used to** hike a lot before the pandemic, but I haven't gone in a while.

 I go hiking a few times a month. You should join me sometime.

I'd **be down for** that! Where do you usually go?

 I **stick to** the local spots in Seoul, like Gwanak-san, Bukhan-san, or Cheonggye-san. Do you want to go to one this weekend?

I'd love to, but I have other plans this weekend. Can I **take a rain check**?

---

starve 배고프다, 굶주리다 **chilly** 쌀쌀한, 추운 **pandemic** 전국[세계]적 유행병
in a while 한동안

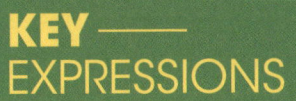

1   used to + 동사원형

과거의 반복적인 행동이나 상태를 나타낼 때 '~하곤 했다' 또는 '~했었다'라는 뜻으로 씁니다. 이제는 하지 않는다는 의미를 내포합니다. 뒤에는 언제나 동사원형이 옵니다.

I **used to** wake up early every morning, but now I prefer sleeping in. 난 아침에 일찍 일어나곤 했는데, 이제는 늦잠 자는 게 더 좋아.

2.   be down for

계획이나 제안에 대해 '그거 좋네', '그렇게 하자', '그럴 의향이 있어'라고 긍정적으로 답하는 표현입니다. 뒤에 대명사가 아닌 구체적인 내용을 말할 수도 있습니다.

I**'m down for** whatever you want for lunch except for sushi.
난 점심으로 초밥만 빼고 네가 당기는 거 뭐든지 괜찮아.

3.   stick to

'붙이다', '붙다'라는 뜻을 지닌 stick에서 파생된 표현으로, 'stick to'는 계획, 약속, 원칙 등을 '고수하다', '지키다'라는 의미입니다.

She decided to **stick to** her original decision.
그녀는 자신의 원래 결정을 고수하기로 했다.

4.   take a rain check

'다음을 기약하다'라는 뜻의 관용 표현으로, 과거 야구 경기에서 비로 인해 취소된 경기의 재입장권을 'rain check'라고 부르는 것에서 유래되었습니다. 약속이나 제안을 정중히 거절하면서도, 다음 번에는 꼭 하고 싶다는 의사를 전달합니다.

Thanks for inviting me, but can I **take a rain check**?
초대는 고맙지만, 다음에 가도 될까?

 해석

A 너무 배고프다. 얼른 우리 음식이 나오면 좋겠다.
B 나도. 그나저나, 저번 주말에 뭐 했어?
A 친구하고 등산했어. 날이 쌀쌀할 줄 알았는데 다행히 날씨가 엄청 좋았어.
B 오 그래? 나도 코로나 전까지는 등산을 꽤 자주 다녔는데, 안 간 지 좀 됐네.
A 난 한 달에 2-3번 등산을 가. 너도 언제 같이 가면 좋겠다.
B 그럼 너무 좋지! 주로 어디로 가?
A 난 관악산이나 북한산, 청계산처럼 서울에 있는 곳들로만 가. 이번 주말에 한 군데에 갈래?
B 정말 그러고 싶은데 이번 주말엔 다른 일정이 있어서. 다음 기회에 가도 될까?

먼저 B가 되어 대화해 보세요.

A I'm starving. I can't wait for our food to come out.

B 나도. 그나저나, 저번 주말에 뭐 했어?

A I went hiking with a friend. I thought it'd be chilly, but luckily the weather was great.

B 오 그래? 나도 코로나 전까지는 등산을 꽤 자주 다녔는데, 안 간 지 좀 됐네.

A I go hiking a few times a month. You should join me sometime.

B 그럼 너무 좋지! 주로 어디로 가?

A I stick to the local spots in Seoul, like Gwanak-san, Bukhan-san, or Cheonggye-san. Do you want to go to one this weekend?

B 정말 그러고 싶은데 이번 주말엔 다른 일정이 있어서. 다음 기회에 가도 될까?

1. luckily/lʌkɪli/는 1음절 강세로, [럭클리] 또는 [럭킬리]에 가깝게 발음합니다.
2. 'used to'는 연음을 할 때 [use]/juːz/의 장음을 살려 [유-즏투]처럼 들립니다. 유즈드 투(X)

이번에는 A가 되어 대화해 보세요.

A 너무 배고프다. 얼른 우리 음식이 나오면 좋겠다.

B Me too. So, what did you do last weekend?

A 친구하고 등산했어. 날이 쌀쌀할 줄 알았는데 다행히 날씨가 엄청 좋았어.

B Oh yeah? I used to hike a lot before the pandemic, but I haven't gone in a while.

A 난 한 달에 2-3번 등산을 가. 너도 언제 같이 가면 좋겠다.

B I'd be down for that! Where do you usually go?

A 난 관악산이나 북한산, 청계산처럼 서울에 있는 곳들로만 가. 이번 주말에 한 군데에 갈래?

B I'd love to, but I have other plans this weekend. Can I take a rain check?

오늘의 한 문장

Can I take a rain check?
다음 기회에 가도 될까?

Unit 12 Date 1 데이트 1

 How about we start a fun hobby together?

Out of the blue? **How come**?

 Well, we always eat, have coffee, and see movies on weekends. It's time for something new.

Right. What about indoor tennis? It's perfect for chilly weather.

 I was thinking about that, too!

Cool! There's a new place near the subway station.

 I know which one you're talking about. If we sign up there by Sunday, we can **get a 20 percent discount**.

Let's go check it out! I played tennis a bit when I was younger, so maybe I can give you some tips.

 I'm not sure if your skills will be helpful, but anyways, I'm glad we**'re on the same page**.

---

indoor 실내의 **sign up** 등록하다, 신청하다

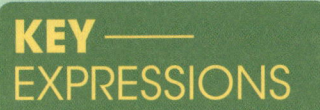

1. out of the blue

'느닷없이', '불쑥', '갑자기'라는 뜻에 가까운 관용구입니다. 맑은 하늘(blue)에서 갑자기 예상치 못한 번개가 치는 것처럼 예상치 못한 일이 갑자기 발생하는 상황을 비유하는 데서 유래했습니다.

He called me **out of the blue** and asked if I was married.
그가 갑자기 전화해서는 내가 결혼했는지 물어 봤다.

2. How come?

"Why?"보다 더 편하고 캐주얼하게 "어째서?", "왜?" 하고 묻는 표현입니다. "How come?" 뒤에 궁금한 내용을 덧붙여 한 문장으로 더 상세하게 물을 수도 있습니다.

How come the cafe is so quiet today?
오늘 카페가 웬일로 이렇게 조용하지?

3. get a (%) discount

'할인을 받다'라는 의미로, 얼만큼의 할인인지 할인율이나 금액을 포함하고 싶다면 discount 앞에 언급합니다.

You can **get a 15 percent discount** on all items this weekend.
이번 주말에는 모든 상품을 15% 할인된 가격에 사실 수 있어요.

4. be on the same page

'같은 생각을 하다' 또는 '의견이 일치하다'라는 의미입니다. 주어를 'I'로 할 경우 'I'm on the same page with+사람'과 같은 형태로 쓸 수 있습니다.

It's important for the whole team to **be on the same page** to avoid confusion.
혼란을 막기 위해 팀 전체가 같은 의견을 갖는 것이 중요합니다.

A 우리 같이 재미있는 취미를 시작하는 거 어때?
B 갑자기? 왜?
A 그냥, 우리 항상 주말에 밥 먹고, 커피 마시고, 영화도 보잖아. 새로운 걸 해 볼 때가 됐어.
B 그래. 실내 테니스는 어때? 쌀쌀한 날씨에 딱이잖아.
A 나도 그거 생각하고 있었는데!
B 좋다! 지하철역 근처에 새로 생긴 곳이 있어.
A 네가 어떤 거 얘기하는지 알아. 일요일까지 등록하면 20% 할인 받을 수 있어.
B 한번 가 보자! 나 어릴 때 테니스를 약간 쳐서 아마 너에게 팁을 좀 줄 수 있을 거야.
A 네 실력이 도움이 될지는 모르겠지만, 어쨌든 우리가 같은 생각이라 다행이야.

ROLE-PLAY TRAINING

먼저 B가 되어 대화해 보세요.

A How about we start a fun hobby together?

B 갑자기? 왜?

A Well, we always eat, have coffee, and see movies on weekends. It's time for something new.

B 그래. 실내 테니스는 어때? 쌀쌀한 날씨에 딱이잖아.

A I was thinking about that, too!

B 좋다! 지하철역 근처에 새로 생긴 곳이 있어.

A I know which one you're talking about. If we sign up there by Sunday, we can get a 20 percent discount.

B 한번 가 보자! 나 어릴 때 테니스를 약간 쳐서 아마 너에게 팁을 좀 줄 수 있을 거야.

A I'm not sure if your skills will be helpful, but anyways, I'm glad we're on the same page.

 발음 tip

1. 'out of the'를 빠르게 연음하면 [아우럽더]에 가깝게 들립니다. 아웃 오브 더(x)
2. 'How come?'에서 [come]은 포물선을 그리며 톤을 떨구듯이 발화해 주세요.

앞에서 배운 대화문의 상대방이 되어 직접 말해 보세요.

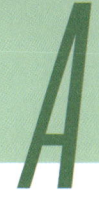

이번에는 A가 되어 대화해 보세요.

A 우리 같이 재미있는 취미를 시작하는 거 어때?

B Out of the blue? How come?

A 그냥, 우리 항상 주말에 밥 먹고, 커피 마시고, 영화도 보잖아. 새로운 걸 해 볼 때가 됐어.

B Right. What about indoor tennis? It's perfect for chilly weather.

A 나도 그거 생각하고 있었는데!

B Cool! There's a new place near the subway station.

A 네가 어떤 거 얘기하는지 알아. 일요일까지 등록하면 20% 할인 받을 수 있어.

B Let's go check it out! I played tennis a bit when I was younger, so maybe I can give you some tips.

A 네 실력이 도움이 될지는 모르겠지만, 어쨌든 우리가 같은 생각이라 다행이야.

오늘의 한 문장

I'm glad we're on the same page.
우리가 같은 생각이라 다행이야.

Unit 13 Date 2 데이트 2

 Exercising together like this is a blast!

Yeah! Starting the day with a workout is so refreshing.

 Playing indoor tennis was a brilliant idea.

I enjoy the workout, but I **cherish** the time I spend with you even more.

 I feel the same way. How about we play more often, like five times a week?

I'm down for that. I was thinking about practicing more **on my own** anyways. You're too good!

 Hey, you're doing well enough. I actually used to be a member of the tennis club back in high school.

No wonder you play so well **for a beginner**.

 Skill is important, but let's value our time together more.

---

blast 돌풍, 큰 즐거움 **workout** 운동 **refreshing** 상쾌한 **brilliant** 훌륭한 **value** 중시하다, 소중히 여기다

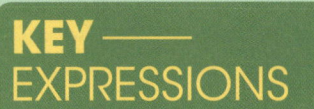

1. cherish

'소중히 여기다', '간직하다', '아끼다'라는 뜻으로, 감정적인 애정이나 개인적 중요성을 강조합니다. 동사 value와 비슷하지만, value는 실질적 중요성과 객관적 가치를 더 강조하는 뉘앙스입니다.

I **cherish** the memories of my childhood thanks to you.
네 덕분에 나는 내 어린 시절 기억을 소중히 여겨.

2. on my own

'나 스스로', '내 힘으로', '나 혼자'라는 표현입니다. 다른 사람의 도움 없이 무언가를 성취하거나 스스로 해결하는 능동적, 독립적인 자세를 나타냅니다.

He believes he learned the alphabet **on his own**.
그는 스스로 알파벳을 배웠다고 생각한다.

3. No wonder ~

여기서 wonder은 '놀라움'이라는 뜻의 명사로, 'No wonder'은 '놀랄 것이 없다', 즉 '당연하다'라는 의미가 됩니다. 뒤에 '주어+동사' 형태의 문장이 옵니다.

No wonder you're tired; you worked all night.
너 피곤한 게 당연해, 밤새 일했잖아.

4. for a beginner

'초보 치고는'이라는 뜻으로, 여기서 for는 수많은 의미 중에 '~치고는', '~인 것에 비해'라는 의미로 사용되었습니다.

This is too salty **for the patient's diet**.
이거 환자식 치고는 너무 짠데.

A 이렇게 같이 운동하는 거 너무 재밌다!
B 응! 운동으로 하루를 시작하니까 정말 상쾌해.
A 실내 테니스를 치는 건 정말 좋은 생각이었어.
B 운동하는 것도 좋지만, 난 너랑 보내는 시간이 더욱 소중해.
A 나도 그래. 우리 더 자주, 일주일에 다섯 번 정도 치는 건 어때?
B 난 좋아. 안 그래도 혼자 더 연습할까 생각 중이었거든. 네가 너무 잘하잖아!
A 야, 너 충분히 잘 하고 있어. 난 사실 고등학교 때 테니스 동아리에 있었어.
B 어쩐지 초보 치고는 너무 잘한다 했어.
A 실력도 중요하지만, 우리가 함께하는 시간을 더 소중히 여기자.

ROLE-PLAY TRAINING

먼저 B가 되어 대화해 보세요.

A Exercising together like this is a blast!

B 응! 운동으로 하루를 시작하니까 정말 상쾌해.

A Playing indoor tennis was a brilliant idea.

B 운동하는 것도 좋지만, 난 너랑 보내는 시간이 더욱 소중해.

A I feel the same way. How about we play more often, like five times a week?

B 난 좋아. 안 그래도 혼자 더 연습할까 생각 중이었거든. 네가 너무 잘하잖아!

A Hey, you're doing well enough. I actually used to be a member of the tennis club back in high school.

B 어쩐지 초보 치고는 너무 잘한다 했어.

A Skill is important, but let's value our time together more.

1. 'back in'을 연음 시 [배액낀]처럼 들립니다. 배긴, 빽인(X)
2. idea/aɪˈdiːə/는 2음절 강세+장음으로 [아이디-어]처럼 [i]는 빠르게, [de]의 음가는 높고 길게 발음해 주세요.

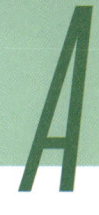

앞에서 배운 대화문의 상대방이 되어 직접 말해 보세요.

이번에는 A가 되어 대화해 보세요.

A 이렇게 같이 운동하는 거 너무 재밌다!

B Yeah! Starting the day with a workout is so refreshing.

A 실내 테니스를 치는 건 정말 좋은 생각이었어.

B I enjoy the workout, but I cherish the time I spend with you even more.

A 나도 그래. 우리 더 자주, 일주일에 다섯 번 정도 치는 건 어때?

B I'm down for that. I was thinking about practicing more on my own anyways. You're too good!

A 야, 너 충분히 잘 하고 있어. 난 사실 고등학교 때 테니스 동아리에 있었어.

B No wonder you play so well for a beginner.

A 실력도 중요하지만, 우리가 함께하는 시간을 더 소중히 여기자.

오늘의 한 문장

No wonder you play so well for a beginner.
어쩐지 초보 치고는 너무 잘한다 했어.

Unit 14 Breakfast 아침 식사

Morning, Kim! How are you always early?

I'm just a morning person. My eyes open at 6.

I envy you! I was in such a hurry this morning again and didn't even have time for a yogurt.

I used to have Greek yogurt with some nuts for breakfast, but it wasn't very **filling**.

What are you having these days?

Some rice cakes and a protein drink. They keep me pretty full until lunch.

Oh, I love rice cakes! Where do you get them?

Online. There are so many kinds. You can even set up regular deliveries if you want.

That's **handy**! Can you send me the link?

---

morning person 아침형 인간   protein 단백질   regular 정기의

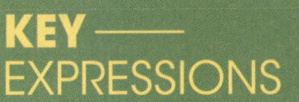

1. Morning!

"Good morning!"의 간단한 버전으로, 캐주얼하게 주로 사용됩니다. "Afternoon!"이나 "Evening!"은 비교적 덜 쓰이고, "Good night!"을 줄이는 경우는 거의 없습니다.

Morning! Did you have a nice weekend?
좋은 아침! 주말 잘 보냈어?

2. I envy you!

"I envy you."는 "네가 부러워."라는 뜻입니다. 참고로, "I'm jealous."도 가벼운 부러움을 표현할 때 사용될 수 있지만, envy는 상대방의 상황이나 능력을 바람직하게 여길 때, be jealous는 질투나 소유욕이 담긴 감정으로 사용될 때가 많습니다.

I envy you for being so confident all the time.
난 항상 자신감 있는 네가 부러워.

3. filling

'채우다'의 뜻을 가진 fill의 형용사 형태입니다. 음식을 묘사하는 경우, 먹는 양에 비해서 오랫동안 든든한, 즉 '포만감을 주는' 음식을 의미합니다.

This soup is more **filling** than bread. What's in it?
이 수프는 빵보다 포만감이 좋네. 뭐가 들어간 거야?

4. handy

물건에 대해 쓰면 '편리한', '유용한'의 뜻으로, 접근성이 좋다는 의미도 가지고 있습니다. 손재주가 좋은 사람을 묘사하는 말로도 쓰입니다.

This tool is quite **handy** for fixing small things.
이 도구는 작은 물건들을 고치는 데에 꽤 유용해.

A 좋은 아침, 킴! 어떻게 항상 이렇게 일찍 와?
B 난 그냥 아침형 인간이라서. 6시에 눈이 떠져.
A 부럽다! 난 오늘 아침도 또 서두르느라 요거트를 먹을 시간도 없었어.
B 나도 예전에는 아침으로 그릭 요거트에 견과류를 넣어 먹곤 했는데, 별로 든든하진 않더라.
A 요즘은 뭘 먹어?
B 떡이랑 단백질 음료. 점심까지 꽤 배가 든든해.
A 오, 나 떡 완전 좋아하는데! 어디서 사?
B 온라인으로. 종류도 엄청 많아. 원하면 정기배송도 설정할 수 있어.
A 그거 편리하네! 링크 좀 보내 줄래?

ROLE-PLAY TRAINING

먼저 B가 되어 대화해 보세요.

A   Morning, Kim! How are you always early?

B   **난 그냥 아침형 인간이라서. 6시에 눈이 떠져.**

A   I envy you! I was in such a hurry this morning again and didn't even have time for a yogurt.

B   **나도 예전에는 아침으로 그릭 요거트에 견과류를 넣어 먹곤 했는데, 별로 든든하진 않더라.**

A   What are you having these days?

B   **떡이랑 단백질 음료. 점심까지 꽤 배가 든든해.**

A   Oh, I love rice cakes! Where do you get them?

B   **온라인으로. 종류도 엄청 많아. 원하면 정기배송도 설정할 수 있어.**

A   That's handy! Can you send me the link?

1 'skipped it'은 연음 시 [ㅅ킵팉]처럼 들립니다.
2 choose/tʃuːz/는 [츄-ㅈ]처럼 [se]를 [z]로 소리내 주세요.

앞에서 배운 대화문의 상대방이 되어 직접 말해 보세요.

이번에는 A가 되어 대화해 보세요.

A 좋은 아침, 킴! 어떻게 항상 이렇게 일찍 와?

B I'm just a morning person. My eyes open at 6.

A 부럽다! 난 오늘 아침도 또 서두르느라 요거트를 먹을 시간도 없었어.

B I used to have Greek yogurt with some nuts for breakfast, but it wasn't very filling.

A 요즘은 뭘 먹어?

B Some rice cakes and a protein drink. They keep me pretty full until lunch.

A 오, 나 떡 완전 좋아하는데! 어디서 사?

B Online. There are so many kinds. You can even set up regular deliveries if you want.

A 그거 편리하네! 링크 좀 보내 줄래?

오늘의 한 문장

They keep me pretty full until lunch.
점심까지 꽤 배가 든든해.

Unit 15 Hot Weather 더운 날씨

 Sarah, **do you mind if** I **turn up** the AC for a bit?

 No, go ahead. Wow, you're sweating a lot!

 Yeah, it's **boiling** out there. I had to keep wiping my face!

 I know. It's over 35 degrees today.

 It feels even hotter with the humidity. I've heard this is the hottest summer in Korea so far.

 Here, have some water. We need to **stay hydrated** in this heat.

 Thanks, but I need something cooler. Do we have any ice cream left?

 Sorry, I finished the last one. How about we order in some red bean sherbet?

AC(air conditioner) 에어컨 sweat 땀을 흘리다 humidity 습도
red bean sherbet 팥빙수

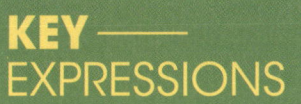

1. Do you mind if ~?

'~해도 괜찮겠어?'라고 해석됩니다. 그런데 정확히는 허락을 구하는 것은 아니고 상대의 의견을 존중하는 표현입니다. 'Yes'로 답하면 거절, 'No'로 대답하면 승낙의 뜻임을 주의해야 합니다.

Do you mind if I come to work a little late tomorrow?
저 내일 조금 지각해도 괜찮을까요?

2. turn up

'turn up'은 '높이다', '올리다'라는 뜻이고, 반대로 '더 약하게 조정하다'는 'turn down'이라고 합니다. 둘 다 세기 조절 기능이 있는 조명, 스피커 등의 다른 장치에도 쓸 수 있는 표현입니다.

It's really cold in here. Could you **turn up** the heater a bit?
여기 진짜 춥네. 히터 좀 세게 틀어 줄 수 있을까?

3. boiling

'끓다, 끓이다'를 뜻하는 boil을 사용해 '날씨가 끓는 것처럼 덥다', 즉 '날이 찌는 듯이 덥다'라는 표현입니다. hot으로는 부족한 극심한 더위를 과장하여 나타냅니다.

Why are you taking a jacket? It's **boiling** out there!
왜 재킷을 가져가는 거야? 지금 밖은 찜통이야!

4. stay hydrated

직역하면 '수분이 공급된 상태를 유지하다'로, 사람에게 쓰면 '물을 충분히 마시다'입니다. 'Stay+형용사'로 "계속 ~해.", "~한 상태로 있어."라는 덕담 같은 인사를 할 수 있습니다.

Make sure to **stay hydrated** if you're exercising outside.
야외에서 운동할 거면 꼭 물을 충분히 마시도록 해.

A 새라, 나 에어컨 좀 잠시 세게 틀어도 괜찮을까?
B 응, 괜찮아. 와, 너 진짜 땀을 많이 흘리네!
A 응, 밖에 푹푹 찌더라. 계속 얼굴을 닦아야 했어!
B 그러게 말이야. 오늘 35도가 넘어.
A 습도 때문에 더 덥게 느껴져. 이번 여름이 한국에서 역대 제일 더운 여름이라고 들었어.
B 여기, 물 좀 마셔. 이런 더위에는 수분 보충을 잘 해야 해.
A 고마워, 근데 더 시원한 게 필요해. 우리 아이스크림 남은 거 있나?
B 미안, 내가 마지막 거 먹었어. 우리 팥빙수를 시켜 먹는 거 어때?

먼저 B가 되어 대화해 보세요.

A Sarah, do you mind if I turn up the AC for a bit?

B **응, 괜찮아. 와, 너 진짜 땀을 많이 흘리네!**

A Yeah, it's boiling out there. I had to keep wiping my face!

B **그러게 말이야. 오늘 35도가 넘어.**

A It feels even hotter with the humidity. I've heard this is the hottest summer in Korea so far.

 여기, 물 좀 마셔. 이런 더위에는 수분 보충을 잘 해야 해.

A Thanks, but I need something cooler. Do we have any ice cream left?

 미안, 내가 마지막 거 먹었어. 우리 팥빙수를 시켜 먹는 거 어때?

발음 tip

1. degree/dɪˈgriː/는 2음절 강세+장음으로 [gree]의 음가를 길고 높게 [디ㄱ뤼-]처럼 발음합니다.
2. sherbet/ˈʃɜːrbət/은 1음절 강세+장음으로 [sher]의 음가를 길고 높게 [셔얼벝]처럼 발음합니다.

앞에서 배운 대화문의 상대방이 되어 직접 말해 보세요.

이번에는 A가 되어 대화해 보세요.

A 새라, 나 에어컨 좀 잠시 세게 틀어도 괜찮을까?

B No, go ahead. Wow, you're sweating a lot!

A 응, 밖에 푹푹 찌더라. 계속 얼굴을 닦아야 했어!

B I know. It's over 35 degrees today.

A 습도 때문에 더 덥게 느껴져. 이번 여름이 한국에서 역대 제일 더운 여름이라고 들었어.

B Here, have some water. We need to stay hydrated in this heat.

A 고마워, 근데 더 시원한 게 필요해. 우리 아이스크림 남은 거 있나?

B Sorry, I finished the last one. How about we order in some red bean sherbet?

오늘의 한 문장

It's boiling out there.
밖에 푹푹 찌더라.

Unit 16 Trip to Tokyo 도쿄로의 여행

 I heard you went to Tokyo! How was it?

 It was fantastic! The yen is **weak** right now, so it's the perfect time to travel.

 That's great! Who did you go with?

 My sister. It was kind of a **bonding trip** after an argument.

 Oh. What did you guys do there?

 We dined at nice local restaurants and visited some unique cafés. We probably took thousands of photos.

 That sounds like a blast! Did you **hit** the duty-free?

 Of course! We found some **good deals** on snacks and booze, so we came back with heavy suitcases.

 I'm a bit jealous now! So, what did you get me?

---

weak 약세인 **argument** 말다툼 **duty-free** 면세점 **booze** '술'을 뜻하는 속어

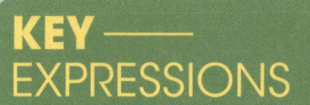

1. weak

어떤 통화의 환율이 약세라고 말할 때 '약한'이라는 의미의 weak를 사용합니다. 반대로 특정 통화가 '강세'라고 표현하려면 strong을 사용합니다.

Right now, the yen is **weak**, and the dollar is strong.
지금 엔화는 약세이고, 달러는 강세입니다.

2. bonding+명사

bonding은 가족, 친구, 동료 간에 '친해지기', '유대감 만들기'를 뜻하므로, 'bonding trip'은 '단합 여행'이나 '친목 여행' 정도로 해석할 수 있습니다.

The last project was such a **bonding experience** for our team.
지난 프로젝트는 우리 팀이 많이 친해지는 경험이었다.

3. hit+장소

hit은 '가볍게 들르다'라는 뜻으로, 주로 즐거운 시간을 보내러 갈 때 씁니다. 업무 목적으로 어딘가에 들르는 경우에는 어울리지 않으므로 주의해서 사용하세요.

Why don't you **hit** the dessert place on the way?
우리 가는 길에 디저트 가게에 들르는 게 어때?

4. good deals

good deal은 '좋은 가격', '가성비 좋은 조건'을 의미합니다. 뒤에 'on+제품'을 쓰면 어떤 것이 좋은 가격인지 표현할 수 있습니다.

You can find **good deals** on flights if you book early.
일찍 예약하면 항공권을 저렴하게 구할 수 있어.

 해석

A 도쿄에 다녀왔다며! 어땠어?
B 완전 좋았어! 지금 엔화가 저렴해서 여행하기 딱 좋은 시기야.
A 너무 좋네! 누구랑 갔어?
B 여동생이랑. 말다툼을 하고 나서 친목 여행차 간 거야.
A 아. 가서 뭐 했어?
B 좋은 현지 식당에서 식사를 하고 특색 있는 카페도 몇 군데 갔어. 사진도 수천 장은 찍은 것 같아.
A 정말 재밌었겠다! 면세점은 들렀어?
B 당연하지! 저렴한 과자랑 술을 발견해서 여행 가방이 무겁게 돌아왔잖아.
A 이제 좀 부러운데! 그래서, 내 거는 뭐 사 왔어?

B ROLE-PLAY TRAINING

먼저 B가 되어 대화해 보세요.

A I heard you went to Tokyo! How was it?

B 완전 좋았어! 지금 엔화가 저렴해서 여행하기 딱 좋은 시기야.

A That's great! Who did you go with?

B 여동생이랑. 말다툼을 하고 나서 친목 여행차 간 거야.

A Oh. What did you guys do there?

B 좋은 현지 식당에서 식사를 하고 특색 있는 카페도 몇 군데 갔어. 사진도 수천 장은 찍은 것 같아.

A That sounds like a blast! Did you hit the duty-free?

B 당연하지! 저렴한 과자랑 술을 발견해서 여행 가방이 무겁게 돌아왔잖아.

A I'm a bit jealous now! So, what did you get me?

발음 tip

1. 'where did you', 'what did you', 'who did you'를 빠르게 연음하면 각각 [웨얼쥬], [와리쥬], [후리쥬]처럼 들릴 수 있습니다.
2. cafe/kæˈfeɪ/는 미국식은 2음절, 영국식은 1음절 강세로 [카페이] 및 [캬페이]처럼 발음합니다.

앞에서 배운 대화문의 상대방이 되어 직접 말해 보세요.

이번에는 A가 되어 대화해 보세요.

 A 도쿄에 다녀왔다며! 어땠어?

B It was fantastic! The yen is weak right now, so it's the perfect time to travel.

 A 너무 좋네! 누구랑 갔어?

B My sister. It was kind of a bonding trip after an argument.

 A 아. 가서 뭐 했어?

B We dined at nice local restaurants and visited some unique cafés. We probably took thousands of photos.

 A 정말 재밌었겠다! 면세점은 들렀어?

B Of course! We found some good deals on snacks and booze, so we came back with heavy suitcases.

 A 이제 좀 부러운데! 그래서, 내 거는 뭐 사 왔어?

> **오늘의 한 문장**
>
> ### The yen is weak right now.
> 지금 엔화가 저렴해.

Unit 17 Lunar New Year Holiday 설 연휴

 Do you have any plans for the Lunar New Year holiday?

 I'm **heading to** my parents' place in Busan. I had a tough time getting KTX tickets.

 Oh, you're from Busan?

 Yeah, I grew up there but moved to Seoul for college. I've been here **over a decade** now.

 That explains why you don't have an accent. It's hard to believe you're from Busan!

 Really? I still use a heavy dialect with my parents, though.

 Are there any **good spots to eat** in Busan you'd recommend?

 I haven't been back in years, so I'm not **up-to-date**, but I'll think of a few.

 Thanks. Enjoy the holiday, and let's talk next week.

Lunar New Year 음력 설, 구정 **accent** 억양, 말투 **dialect** 사투리, 방언

KEY EXPRESSIONS

1. head to+장소

'~로 향하다'라는 뜻으로, 이동의 의지를 나타내는 표현입니다. 같은 뜻이지만 'be headed to'나 'be headed for'를 사용하면 목적지로 향하는 확실성을 더 강조하며, 이미 이동 중인 경우에 자주 사용합니다.

Let's **head to** the fountain if we ever get lost in the park.
공원 안에서 길을 잃으면 분수대 쪽으로 가는 걸로 하자.

2. over a decade

여기서의 over는 '~이 넘는 기간', decade는 '10년'의 뜻으로 'over a decade'는 '10년 넘게'입니다. decades는 '수십 년'을 뜻합니다.

He has been working for this company for **over a decade**.
그는 10년 넘게 이 회사에서 일하고 있다.

3. good spots to eat

영어에 '맛집'의 뜻을 그대로 담는 단어는 없기에 'good spots to eat'이라는 표현을 사용했습니다. 'good spots to' 뒤에 eat 대신 다른 동사를 넣어 '~하기 좋은 곳'이라는 표현을 활용해 보세요.

Are there any **good spots to take photos** around here?
이 주변에 사진 찍기 좋은 장소가 있을까요?

4. up-to-date

'최신의', '가장 최근의'라는 의미로, 정보나 자료가 현재의 상태와 일치함을 나타냅니다.

This website is **up-to-date** with the latest information.
이 사이트는 가장 최근 정보로 업데이트되어 있어.

A 설 연휴에 계획 있어?
B 부산에 부모님 댁에 갈 거야. KTX 표를 구하기가 힘들더라.
A 오, 너 부산 출신이야?
B 응, 거기서 자랐는데 대학 때 서울로 왔어. 이제 여기 온 지 10년이 넘었네.
A 그래서 부산 억양이 없구나. 네가 부산 출신이라는 걸 믿기 어려운걸!
B 정말? 그래도 부모님하고는 여전히 사투리를 심하게 써.
A 부산에 추천해 줄 만한 맛집이 있을까?
B 몇 년간 안 가서 최신 정보는 없지만, 몇 군데 생각해 볼게.
A 고마워. 연휴 잘 보내고 다음 주에 얘기하자.

ROLE-PLAY TRAINING

먼저 B가 되어 대화해 보세요.

A Do you have any plans for the Lunar New Year holiday?

B 부산에 부모님 댁에 갈 거야. KTX 표를 구하기가 힘들더라.

A Oh, you're from Busan?

B 응, 거기서 자랐는데 대학 때 서울로 왔어. 이제 여기 온 지 10년이 넘었네.

A That explains why you don't have an accent. It's hard to believe you're from Busan!

B 정말? 그래도 부모님하고는 여전히 사투리를 심하게 써.

A Are there any good spots to eat in Busan you'd recommend?

B 몇 년간 안 가서 최신 정보는 없지만, 몇 군데 생각해 볼게.

A Thanks. Enjoy the holiday, and let's talk next week.

1. 1음절 강세인 holiday/hɑ:lədeɪ/의 미국식 발음은 [할-러데이], 영국식은 [홀러데이] 및 [홀러디]에 가깝습니다. 홀리데이(x)
2. decade는 두 가지 발음이 허용됩니다. 1음절 강세일 때는 /dekeɪd/[데케이드]처럼, 2음절 강세일 때는 /dɪˈkeɪd/[디케이드]처럼 발음합니다.

앞에서 배운 대화문의 상대방이 되어 직접 말해 보세요.

이번에는 A가 되어 대화해 보세요.

 A 설 연휴에 계획 있어?

B I'm heading to my parents' place in Busan. I had a tough time getting KTX tickets.

 A 오, 너 부산 출신이야?

B Yeah, I grew up there but moved to Seoul for college. I've been here over a decade now.

 A 그래서 부산 억양이 없구나. 네가 부산 출신이라는 걸 믿기 어려운걸!

B Really? I still use a heavy dialect with my parents, though.

 A 부산에 추천해 줄 만한 맛집이 있을까?

B I haven't been back in years, so I'm not up-to-date, but I'll think of a few.

 A 고마워. 연휴 잘 보내고 다음 주에 얘기하자.

오늘의 한 문장

I've been here over a decade now.
이제 여기 온 지 10년이 넘었네.

Unit 18   Asian Cup Match 아시안 컵 경기

 What did you think of the Korea versus Jordan soccer match yesterday?

 Honestly, I was disappointed that it ended in a 2:2 **tie**. We didn't play like a championship candidate.

 I agree. We struggled against Jordan's defense.

 In **the first half**, I thought we might even lose.

 We're trying to win the Asian Cup **for the first time in** 64 years, but **our chances look slim** now.

 But we've got great players like Sonny, Kang-in Lee, and Min-jae Kim. I think we have a good chance of winning the championship.

 Wanna bet? I think we'll lose in the quarterfinals.

 I'm betting on a win. Let's see who's right after the tournament!

---

candidate 후보   **struggle** 애쓰다, 고전하다   **defense** 수비, 방어   **wanna** 'Do you want to'의 줄임말로, 구어체에서만 사용   **bet** 내기를 걸다   **quarterfinal** 8강전   **tournament** 대회

KEY EXPRESSIONS

1. tie
경기의 '무승부'를 뜻하는 명사로 쓰였습니다. 영국에서는 draw를 더 흔히 사용합니다.

The fans cheered for a while although the match ended in a tie.
경기는 무승부로 끝났지만 팬들은 오랫동안 환호했다.

2. the first half
'첫 번째 절반', 축구처럼 전반과 후반이 있는 경기에서 '전반전'을 의미하며, '후반전'은 'the second half'라고 합니다. 참고로 축구에서 연장전은 'extra time'이라고 합니다.

We scored two goals in the first half!
우리가 전반전에 두 골을 넣었어!

3. for the first time in+기간
'for the first time'은 '(생애) 처음으로'라는 뜻입니다. 단독으로 쓸 수도 있고, 대화문처럼 뒤에 'in+기간'의 형태를 추가해서 '~만에 처음으로'라고 쓸 수도 있습니다.

I traveled abroad for the first time in 10 years last winter.
지난겨울, 나는 10년 만에 처음으로 해외 여행을 갔다.

4. Our chances look slim.
흔히 '날씬한', '얇은'의 뜻으로 알려진 slim은 '(가능성, 가망이) 아주 적은'의 뜻도 있습니다. 주로 chance와 함께 쓰여 가능성이 희박하다는 표현을 할 수 있습니다.

Our chances look slim, but we should still try our best.
가능성이 희박해 보이지만, 그래도 우리는 최선을 다해야 해.

 해석

A 어제 한국과 요르단의 축구 경기에 대해 어떻게 생각해?
B 솔직히 2:2로 비긴 게 실망스러웠어. 우리 팀은 우승 후보답게 경기를 펼치지 못했어.
A 나도 동의해. 우린 요르단의 수비에 고전했어.
B 전반전에서는 심지어 질지도 모른다고 생각했다니까.
A 우리가 64년 만에 아시안 컵에서 우승에 도전하는데, 이제 가능성이 희박해 보여.
B 그래도 우린 손흥민, 이강인, 김민재처럼 훌륭한 선수들이 있잖아. 난 우리가 우승할 확률이 높다고 생각해.
A 내기 할래? 난 우리가 8강에서 질 것 같아.
B 난 우승에 걸겠어. 대회가 끝나고 누가 맞았는지 보자!

ROLE-PLAY TRAINING

먼저 B가 되어 대화해 보세요.

A What did you think of the Korea versus Jordan soccer match yesterday?

B 솔직히 2:2로 비긴 게 실망스러웠어. 우리 팀은 우승 후보답게 경기를 펼치지 못했어.

A I agree. We struggled against Jordan's defense.

B 전반전에서는 심지어 질지도 모른다고 생각했다니까.

A We're trying to win the Asian Cup for the first time in 64 years, but our chances look slim now.

B 그래도 우린 손흥민, 이강인, 김민재처럼 훌륭한 선수들이 있잖아. 난 우리가 우승할 확률이 높다고 생각해.

A Do you want to bet? I think we'll lose in the quarterfinals.

B 난 우승에 걸겠어. 대회가 끝나고 누가 맞았는지 보자!

발음 tip

1. '요르단'은 Jordan/dʒɔːrdn/[조올든]처럼 1음절의 강세와 장음을 살려 발음합니다.
2. Asian은 /eɪʒn/[에이젼] 또는 /eɪʃn/[에이션]처럼 발음합니다. 아시안(x)

이번에는 A가 되어 대화해 보세요.

A 어제 한국과 요르단의 축구 경기에 대해 어떻게 생각해?

B Honestly, I was disappointed that it ended in a 2:2 tie. We didn't play like a championship candidate.

A 나도 동의해. 우린 요르단의 수비에 고전했어.

B In the first half, I thought we might even lose.

A 우리가 64년 만에 아시안 컵에서 우승에 도전하는데, 이제 가능성이 희박해 보여.

B But we've got great players like Sonny, Kang-in Lee, and Min-jae Kim. I think we have a good chance of winning the championship.

A 내기 할래? 난 우리가 8강에서 질 것 같아.

B I'm betting on a win. Let's see who's right after the tournament!

오늘의 한 문장

Our chances look slim now.
이제 가능성이 희박해 보여.

Unit 19 After the Flu 독감 이후

 Hey Peter, you don't look so well. Is everything okay?

 Do I look that bad? I'm not sick or anything, just **dog-tired** and not sleeping well.

 Have you had a bad cold or been stressed about something recently?

 Well, I did have a nasty flu a while ago.

 That's tough. There's been a lot of flu going around lately.

 Yeah, this flu hit me hard. Maybe that's why I'm still **feeling** so **pooped**.

 I think we should **call off** our weekend plans. You need to get some rest at home.

 That might be wise, huh? Sorry about this.

 It's totally fine. Drink lots of warm water and **catch up on** your sleep. Hope you feel better soon!

---

nasty 심한, 불쾌한 **flu** 독감 **hit** 타격을 입히다

KEY EXPRESSIONS

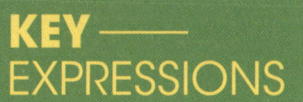

1. dog-tired

'몹시 피곤한', '지쳐 쓰러질 것 같은'이라는 의미의 비격식 구어체 표현입니다. 특히 몸을 많이 쓰는 활동 후에 자주 사용되지만, 정신적 피로를 표현할 때도 쓸 수 있습니다.

I was **dog-tired** after hiking all day in the mountains.
하루 종일 산에서 하이킹을 하고 나서 너무 피곤했어.

2. feel pooped

'녹초가 된', '기진맥진한'이라는 의미의 비격식 구어체 표현으로, pooped는 원래 항해 용어로 배의 돛대가 바람 때문에 지치거나 닳아버리는 것을 뜻하는 단어였지만, 시간이 지나면서 일상적으로 '지친'이라는 의미로 확장되었습니다.

We all **felt pooped** after the 13-hour flight.
13시간 동안 비행기를 탄 후 우리는 모두 녹초가 되었다.

3. call off

'취소하다', '중단하다'라는 뜻의 구동사로, 주로 외부 요인으로 인해 취소해야 하는 경우나 이미 진행 중인 일을 중단할 때 사용됩니다.

They **called off** the game because of heavy rain.
그들은 폭우 때문에 경기를 취소했다.

4. catch up on

'밀린 ~을 하다' 또는 '놓친 ~을 따라잡다'라는 의미로 on 뒤에 미루었던, 혹은 보충해야 하는 대상이 옵니다. 밀린 일, 놓친 소식이나 정보, 부족한 휴식 등 상황에 맞게 활용할 수 있습니다.

He's **catching up on** work after his vacation.
그는 휴가 후에 밀린 일을 따라잡고 있다.

A 야 피터, 안색이 별로 안 좋아 보이네. 괜찮아?
B 그렇게 안 좋아 보여? 아프거나 그런 건 아닌데, 그냥 너무 피곤하고 잠도 잘 못 자.
A 최근에 심한 감기에 걸렸거나 스트레스 받는 일이 있었어?
B 음, 얼마 전에 지독한 독감에 걸리긴 했지.
A 힘들었겠다. 요즘 독감이 많이 돌고 있더라고.
B 응, 이번 독감이 진짜 아팠어. 아마 그래서 아직도 지쳐 있나 싶어.
A 우리 이번 주말 약속은 취소하는 게 좋을 것 같다. 너 집에서 좀 쉴 필요가 있어.
B 그게 현명할 것 같네, 그치? 미안하게 됐어.
A 완전 괜찮아. 따뜻한 물 많이 마시고 밀린 잠도 좀 자. 빨리 낫길 바라!

ROLE-PLAY TRAINING

먼저 B가 되어 대화해 보세요.

A Hey Peter, you don't look so well. Is everything okay?

B 그렇게 안 좋아 보여? 아프거나 그런 건 아닌데, 그냥 너무 피곤하고 잠도 잘 못 자.

A Have you had a bad cold or been stressed about something recently?

B 음, 얼마 전에 지독한 독감에 걸리긴 했지.

A That's tough. There's been a lot of flu going around lately.

B 응, 이번 독감이 진짜 아팠어. 아마 그래서 아직도 지쳐 있나 싶어.

A I think we should call off our weekend plans. You need to get some rest at home.

B 그게 현명할 것 같네, 그치? 미안하게 됐어.

A It's totally fine. Drink lots of warm water and catch up on your sleep. Hope you feel better soon!

1. recently/riːsntli/는 [뤼-쓴리]에 가깝게 발음합니다. 뤼쎈틀리(x)
2. 'catch up on'을 연음할 때 [캐첩뻔]처럼 들립니다. [up]의 음가를 높이는 것이 자연스럽습니다. 캐치업 온(x)

앞에서 배운 대화문의 상대방이 되어 직접 말해 보세요.

이번에는 A가 되어 대화해 보세요.

A 야 피터, 안색이 별로 안 좋아 보이네. 괜찮아?

B Do I look that bad? I'm not sick or anything, just dog-tired and not sleeping well.

A 최근에 심한 감기에 걸렸거나 스트레스 받는 일이 있었어?

B Well, I did have a nasty flu a while ago.

A 힘들었겠다. 요즘 독감이 많이 돌고 있더라고.

B Yeah, this flu hit me hard. Maybe that's why I'm still feeling so pooped.

A 우리 이번 주말 약속은 취소하는 게 좋을 것 같다. 너 집에서 좀 쉴 필요가 있어.

B That might be wise, huh? Sorry about this.

A 완전 괜찮아. 따뜻한 물 많이 마시고 밀린 잠도 좀 자. 빨리 낫길 바라!

오늘의 한 문장

This flu hit me hard.
이번 독감이 진짜 아팠어.

Unit 20 Team Dinner 1 저녁 회식 1

 You've all worked hard on this project. How about **a team dinner** next Tuesday?

That sounds good! May I decide on the dinner menu?

 You've contributed the most to this project, so let's do that.

Thanks. Is there any food that we should avoid?

 I can eat raw fish, but I don't really enjoy it. Also, Andrew **is allergic to** shellfish.

Noted. Does anyone else have any specific requests?

 Since we're having drinks with a client the night before, let's pick a menu that's good for a hangover, if possible.

Got it. **I'll make sure to** choose something that works for everyone.

---

contribute 기여하다, 공헌하다   raw fish 회   shellfish 갑각류   specific 특정한
request 요청   the night before (특정일의) 그 전날 밤   hangover 숙취

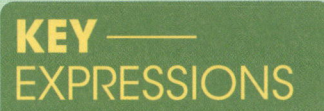

1. a team dinner

'회식'을 무난하게 옮긴 표현으로, 누가 참여하는가에 따라 'company dinner', 'work dinner', 'office gathering' 등으로 다양하게 말할 수 있습니다.

We're having **a team dinner** next Wednesday.
다음 수요일에 회식을 하겠습니다.

2. be allergic to ~

'~에 알레르기가 있다'라는 뜻으로, to 뒤에 알레르기를 유발하는 원인을 넣어 줍니다.

I'm allergic to most nuts, so I can't eat peanuts.
난 대부분의 견과류에 알레르기가 있어서 땅콩을 못 먹어.

3. Noted.

Note는 '메모하다, 주목하다, 유념하다'라는 의미입니다. 대화문에서 "Noted."는 "I noted (it)."을 줄인 표현으로, 주로 상대방의 말에 알겠다고 답할 때 씁니다.

A: Don't forget to revise the sales figures in your report.
B: **Noted.** I'll work on it.

A: 보고서에 매출 수치 수정하는 것을 잊지 마세요.
B: 알겠습니다. 그렇게 하겠습니다.

4. I'll make sure to ~

'I'll make sure to ~'는 '꼭 ~하도록 하겠다'라는 약속, 다짐의 표현입니다. to부정사 대신 'that+주어+동사'로도 말할 수 있습니다.

I'll make sure to order it today.
오늘 그거 꼭 주문할게.

A 모두 이번 프로젝트에 고생 많았어요. 다음 주 화요일에 팀 저녁 회식 어때요?
B 좋아요! 제가 저녁 메뉴를 정해도 괜찮을까요?
A 이번 프로젝트에서 가장 많이 기여하셨으니, 그렇게 하시죠.
B 고맙습니다. 우리가 피해야 할 음식이 있을까요?
A 저는 회를 먹을 수는 있지만, 즐겨 먹지는 않아요. 그리고 앤드류는 갑각류 알레르기가 있습니다.
B 알겠습니다. 다른 특정한 요청 사항이 있는 분 계신가요?
A 우리가 회식 전날 밤 거래처와 술자리가 있으니, 가능하면 숙취에 좋은 메뉴로 정하죠.
B 알겠습니다. 꼭 모두에게 잘 맞는 메뉴로 정하도록 하겠습니다.

ROLE-PLAY TRAINING

먼저 B가 되어 대화해 보세요.

A You've all worked hard on this project. How about a team dinner next Tuesday?

B **좋아요! 제가 저녁 메뉴를 정해도 괜찮을까요?**

A You've contributed the most to this project, so let's do that.

B **고맙습니다. 우리가 피해야 할 음식이 있을까요?**

A I can eat raw fish, but I don't really enjoy it.
Also, Andrew is allergic to shellfish.

B **알겠습니다. 다른 특정한 요청 사항이 있는 분 계신가요?**

A Since we're having drinks with a client the night before, let's pick a menu that's good for a hangover, if possible.

B **알겠습니다. 꼭 모두에게 잘 맞는 메뉴로 정하도록 하겠습니다.**

발음 tip

1. raw/rɔː/는 [뤄-]처럼 입을 벌린 채로 마무리하는 발음으로, 입을 오므려 [로우]처럼 발음하지 않도록 주의해 주세요.
2. request/rɪˈkwest/는 2음절 강세로 [뤼퀘ㅅㅌ]처럼 발음하되, 2음절을 [쿠]와 [에ㅅㅌ]를 빠르게 결합하듯 소리내 주세요. 뤼케스트(x)

앞에서 배운 대화문의 상대방이 되어 직접 말해 보세요.

이번에는 A가 되어 대화해 보세요.

A 모두 이번 프로젝트에 고생 많았어요. 다음 주 화요일에 팀 저녁 회식 어때요?

B That sounds good! May I decide on the dinner menu?

A 이번 프로젝트에서 가장 많이 기여하셨으니, 그렇게 하시죠.

B Thanks. Is there any food that we should avoid?

A 저는 회를 먹을 수는 있지만, 즐겨 먹지는 않아요. 그리고 앤드류는 갑각류 알레르기가 있습니다.

B Noted. Does anyone else have any specific requests?

A 우리가 회식 전날 밤 거래처와 술자리가 있으니, 가능하면 숙취에 좋은 메뉴로 정하죠.

B Got it. I'll make sure to choose something that works for everyone.

오늘의 한 문장

Andrew is allergic to shellfish.
앤드류는 갑각류 알레르기가 있습니다.

Unit 21   Team Dinner 2   저녁 회식 2

 This is one of my favorite restaurants, and I thought it'd be perfect for our team dinner.

Wow, it's got such a cool **retro vibe**. Is that a jukebox over there?

 Yep! A DJ's coming soon to play some 80s hits. The night's going to **fly by**.

How did you find this place?

 I came here once with a friend who's also into retro spots.

You do know all the places with great atmospheres.

 But the food has to be good, too. I'm a bit of a **foodie**, so vibe alone isn't enough for me.

I totally agree! I should **tag along** with you more.

 You're lucky to have a colleague like me!

---

jukebox 주크박스   80s hits 1980년대의 히트곡   atmosphere 분위기   colleague 동료

KEY EXPRESSIONS

1. retro vibe

'복고'를 뜻하는 retro와 '느낌', '분위기'를 의미하는 vibe의 합성어로, retro 대신 대상에 어울리는 형용사를 붙여 다양하게 말할 수 있습니다. (예: chill vibe, summer vibe, romantic vibe)

Her outfit has such a **retro vibe** with a polka-dot blouse.
그녀의 의상은 물방울 무늬 블라우스 덕분에 복고풍 분위기가 난다.

2. fly by

'fly by'는 '빠르게 지나가다', '훌쩍 지나가다'라는 뜻의 구동사입니다. 속도나 느낌을 더욱 강조하고 싶을 때는 뒤에 'so quickly'나 'so fast'를 덧붙일 수 있습니다.

Why do weekends **fly by** so quickly all the time?
왜 주말은 항상 순식간에 지나가 버리는 걸까?

3. foodie

새로운 미식을 찾고 경험하는 것을 좋아하는 사람, 단순히 많이 먹는 것뿐 아니라 먹는 일 자체에 많은 가치와 즐거움을 두는 사람을 의미합니다.

I knew she was a **foodie** when she had a lot of photos of food.
그녀가 음식 사진을 많이 가지고 있을 때부터 그녀가 맛잘알인 걸 알았지.

4. tag along

'함께 따라가다' 혹은 '딸려 가다'라는 뜻으로, 자신의 계획 없이 다른 사람의 일정에 즉흥적이고 자연스럽게 동행하는 상황을 의미합니다.

Do you mind if I **tag along** to the café? I need a break, too.
카페에 내가 따라가도 될까? 나도 휴식이 필요해.

A 여긴 제가 가장 좋아하는 식당 중 하나인데, 우리 팀 저녁 회식 장소로 딱일 것 같아서 골랐어요.
B 와, 진짜 멋진 복고풍 분위기네요. 저쪽에 저건 주크박스예요?
A 네! 곧 DJ가 와서 80년대 히트곡들을 틀어 줄 거예요. 오늘 밤 시간 가는 줄 모를 걸요.
B 이 장소는 어떻게 찾았어요?
A 복고풍 분위기의 장소를 좋아하는 친구랑 한 번 와 봤어요.
B 정말 분위기 좋은 곳들을 많이 아시는군요.
A 하지만 음식도 맛있어야 해요. 전 약간 맛잘알이라 분위기만으로는 충분하지 않아요.
B 완전 동의해요! 앞으로 당신을 더 따라다녀야겠어요.
A 저 같은 동료를 두다니, 운이 좋으시네요!

ROLE-PLAY TRAINING

먼저 B가 되어 대화해 보세요.

A This is one of my favorite restaurants, and I thought it'd be perfect for our team dinner.

B 와, 진짜 멋진 복고풍 분위기네요. 저쪽에 저건 주크박스예요?

A Yep! A DJ's coming soon to play some 80s hits. The night's going to fly by.

B 이 장소는 어떻게 찾았어요?

A I came here once with a friend who's also into retro spots.

B 정말 분위기 좋은 곳들을 많이 아시는군요.

A But the food has to be good, too. I'm a bit of a foodie, so vibe alone isn't enough for me.

B 완전 동의해요! 앞으로 당신을 더 따라다녀야겠어요.

A You're lucky to have a colleague like me!

1. 구어체에서 'going to'는 gonna[거너]처럼 빠르게 발화할 수 있습니다.
2. 'You do know'에서 do는 강조 용법으로, [do]의 음가를 높여 너무 빠르지 않게 발음해 주세요.

앞에서 배운 대화문의 상대방이 되어 직접 말해 보세요.

이번에는 A가 되어 대화해 보세요.

A 여긴 제가 가장 좋아하는 식당 중 하나인데, 우리 팀 저녁 회식 장소로 딱일 것 같아서 골랐어요.

B Wow, it's got such a cool retro vibe. Is that a jukebox over there?

A 네! 곧 DJ가 와서 80년대 히트곡들을 틀어 줄 거예요. 오늘 밤 시간 가는 줄 모를 걸요.

B How did you find this place?

A 복고풍 분위기의 장소를 좋아하는 친구랑 한 번 와 봤어요.

B You do know all the places with great atmospheres.

A 하지만 음식도 맛있어야 해요. 전 약간 맛잘알이라 분위기만으로는 충분하지 않아요.

B I totally agree! I should tag along with you more.

A 저 같은 동료를 두다니, 운이 좋으시네요!

오늘의 한 문장

The night's going to fly by.
오늘 밤 시간 가는 줄 모를 걸요.

Unit 22 Exchange Student Experience
교환 학생 경험

 I'd love to live in another country at least once. Have you ever lived abroad?

Yeah, I spent **a year and a half** in Vietnam as an exchange student.

 Really? I've always wanted to visit Vietnam! What was it like living there?

It was one of the best experiences of my life. I loved the food and making friends from around the world.

 Wasn't it hard to adjust at first?

Oh, definitely. Learning the language **from scratch** was tough, but my local friends helped me a lot.

 That's nice! Do you still **stay in touch** with them?

Yeah, we still talk. Thanks to that, I've **picked up** more Vietnamese.

---

abroad 해외에서 **exchange student** 교환 학생 **adjust** 적응하다 **definitely** 완전히

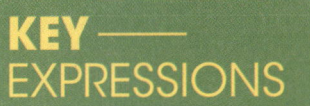

1. a year and a half

'1년 반'을 뜻하는 구어체 표현으로, 'one and a half years'라고도 말할 수 있습니다. 참고로 반년은 'half a year', 2년 반이면 'two and a half years'처럼 표현할 수 있으며, 'two years and a half'라는 말은 사용하지 않습니다.

I've been working for this company for **a year and a half**.
난 우리 회사에서 1년 째 일해 오고 있어.

2. from scratch

'아무 준비 없이 처음부터'라는 뜻입니다. 스포츠 분야에서 유래된 표현으로, scratch는 '출발선'을 의미합니다. 여기서 '기반 없이 처음부터 시작하다'라는 의미로 발전했습니다.

I had to build the entire project **from scratch** because you lost all our data.
네가 데이터를 다 날려서 내가 프로젝트 전체를 처음부터 다시 해야 했잖아.

3. stay in touch

'계속 연락하다'라는 뜻으로, 가끔 안부를 주고받거나 연락을 유지하는 것을 의미합니다.

Don't forget to **stay in touch** after you graduate!
졸업하고 나서도 꼭 연락하고 지내!

4. pick up

'줍다', '(사람을) 데려오다' 등의 여러 뜻이 있는 구동사로, 대화문에서는 '배우다'를 가볍게 일컫는 의미로 쓰였습니다.

Can you believe he **picked up** calculus at the age of eight?
그가 여덟 살 때 미적분학을 배웠다는 게 믿겨져?

A 나 한 번쯤은 꼭 다른 나라에서 살아 보고 싶어. 넌 해외에서 살아 본 적 있어?
B 응, 난 교환 학생으로 베트남에서 1년 반 정도 있었어.
A 정말? 항상 베트남에 가 보고 싶었는데! 거기서 사는 건 어땠어?
B 내 인생에서 가장 좋은 경험 중 하나였어. 음식이랑 전 세계에서 온 친구들을 사귀는 게 정말 좋았어.
A 처음에 적응하기 힘들지 않았어?
B 아, 완전. 언어를 처음부터 새로 배우는 게 힘들었는데, 현지 친구들이 많이 도와줬어.
A 좋다! 지금도 그 친구들이랑 연락하고 지내?
B 응, 여전히 얘기해. 그 덕분에 베트남어를 더 많이 배웠어.

ROLE-PLAY TRAINING

먼저 B가 되어 대화해 보세요.

A : I'd love to live in another country at least once. Have you ever lived abroad?

B : 응, 난 교환 학생으로 베트남에서 1년 반 정도 있었어.

A : Really? I've always wanted to visit Vietnam! What was it like living there?

B : 내 인생에서 가장 좋은 경험 중 하나였어. 음식이랑 전 세계에서 온 친구들을 사귀는 게 정말 좋았어.

A : Wasn't it hard to adjust at first?

B : 아, 완전. 언어를 처음부터 새로 배우는 게 힘들었는데, 현지 친구들이 많이 도와줬어.

A : That's nice! Do you still stay in touch with them?

B : 응, 여전히 얘기해. 그 덕분에 베트남어를 더 많이 배웠어.

1. adjust/əˈdʒʌst/는 2음절 강세로 [어쥬ㅅㅌ]처럼 발음합니다. 어드저스트(x)
2. Vietnam/ˌviːetˈnɑːm/은 2음절 강세+장음으로 [nam]의 음가를 높여 [비-엣나암]처럼 발음합니다. 베트남(x)

이번에는 A가 되어 대화해 보세요.

A 나 한 번쯤은 꼭 다른 나라에서 살아 보고 싶어. 넌 해외에서 살아 본 적 있어?

B Yeah, I spent a year and a half in Vietnam as an exchange student.

A 정말? 항상 베트남에 가 보고 싶었는데! 거기서 사는 건 어땠어?

B It was one of the best experiences of my life. I loved the food and making friends from around the world.

A 처음에 적응하기 힘들지 않았어?

B Oh, definitely. Learning the language from scratch was tough, but my local friends helped me a lot.

A 좋다! 지금도 그 친구들이랑 연락하고 지내?

B Yeah, we still talk. Thanks to that, I've picked up more Vietnamese.

오늘의 한 문장

Learning the language from scratch was tough.
언어를 처음부터 새로 배우는 게 힘들었어.

Unit 23 TV Tastes TV 취향

Did you watch 'Running Man' yesterday?

Of course. It's the only variety show I never miss.

Oh yeah? So, what else is on your watch list?

Lately, I've been mainly binging American dramas on **streaming platforms**, like Netflix or Disney Plus.

Then you must've seen 'Squid Game,' right?

Actually, no. I know it **was** really **big**, but I tend to stick to variety shows even on Netflix.

Wow, you skipped a hit like that? What's your favorite these days?

I'm **hooked on** 'I Am Solo,' which features non-celebs.

I've never seen that before. It looks like we've got completely different **tastes in** TV.

---

variety show 버라이어티 쇼, 예능 프로그램 **feature** 출연시키다, ~의 특징을 이루다
non-celeb 비연예인

KEY EXPRESSIONS

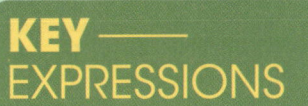

1. streaming platform

영어권에서는 'OTT(Over-The-Top media service)'라는 용어를 잘 쓰지 않고, 'streaming platform'이라고 하거나 특정 플랫폼 이름을 언급합니다.

People spend less and less time watching traditional television due to the rise of streaming platforms.
OTT의 인기로 사람들이 텔레비전을 보는 시간이 점점 줄어든다.

2. be big

big이 popular와 같이 '인기 많은'이라는 뜻으로 쓰였습니다. '거대한'이라는 뜻의 huge를 쓰면 훨씬 더 큰 인기를 나타냅니다.

So many K-Pop stars are really big all over the world.
매우 많은 케이팝 스타들이 세계적으로 인기가 아주 많아.

3. be hooked on

'갈고리에 걸린'이라는 직역처럼 무언가에 '푹 빠지거나 몰두한', '꽂힌' 상태를 비유적으로 나타냅니다. 안 좋은 습관이나 중독을 가리킬 때도 사용합니다.

He's been hooked on trying new recipes.
그는 새로운 레시피를 시도하는 데 푹 빠졌어.

4. taste(s) in ~

taste는 '미각', '맛'이라는 뜻 외에, '취향', '감각'의 뜻으로도 자주 사용됩니다. 다양한 분야에 활용할 수 있습니다. (예: taste in movies, taste in music, taste in fashion)

She and I have a similar taste in fashion.
그녀와 나는 패션 취향이 비슷하다.

A	어제 <런닝맨> 봤어?
B	당연하지. 내가 유일하게 보는 예능 프로그램인 걸.
A	오 그래? 그럼 또 어떤 거 봐?
B	최근엔 넷플릭스나 디즈니 플러스 같은 OTT 플랫폼에서 주로 미드를 정주행하고 있어.
A	그럼 <오징어 게임>은 봤겠네?
B	사실, 안 봤어. 인기가 정말 많았던 건 아는데, 난 넷플릭스에서도 예능 위주로 보는 편이거든.
A	와, 그렇게 인기작을 안 봤다고? 요즘 제일 좋아하는 건 뭐야?
B	비연예인들이 출연하는 <나는 솔로>에 꽂혀 있어.
A	난 그거 한 번도 안 봤는데. 우린 TV 취향이 완전히 다른 것 같아.

ROLE-PLAY TRAINING

먼저 B가 되어 대화해 보세요.

A Did you watch 'Running Man' yesterday?

B 당연하지. 내가 유일하게 보는 예능 프로그램인 걸.

A Oh yeah? So, what else is on your watch list?

B 최근엔 넷플릭스나 디즈니 플러스 같은 OTT 플랫폼에서 주로 미드를 정주행하고 있어.

A Then you must've seen 'Squid Game,' right?

B 사실, 안 봤어. 인기가 정말 많았던 건 아는데, 난 넷플릭스에서도 예능 위주로 보는 편이거든.

A Wow, you skipped a hit like that? What's your favorite these days?

B 비연예인들이 출연하는 <나는 솔로>에 꽂혀 있어.

A I've never seen that before. It looks like we've got completely different tastes in TV.

1. 'hooked on'을 연음할 때는 [훅턴]에 가깝게 들립니다.
2. binge/bɪndʒ/에 [ing]를 결합한 binging은 [빈쥥]에 가깝게 소리 냅니다.

앞에서 배운 대화문의 상대방이 되어 직접 말해 보세요.

이번에는 A가 되어 대화해 보세요.

A 어제 <런닝맨> 봤어?

B Of course. It's the only variety show I never miss.

A 오 그래? 그럼 또 어떤 거 봐?

B Lately, I've been mainly binging American dramas on streaming platforms, like Netflix or Disney Plus.

A 그럼 <오징어 게임>은 봤겠네?

B Actually, no. I know it was really big, but I tend to stick to variety shows even on Netflix.

A 와, 그렇게 인기작을 안 봤다고? 요즘 제일 좋아하는 건 뭐야?

B I'm hooked on 'I Am Solo,' which features non-celebs.

A 난 그거 한 번도 안 봤는데. 우린 TV 취향이 완전히 다른 것 같아.

오늘의 한 문장

I'm hooked on 'I Am Solo.'
<나는 솔로>에 꽂혀 있어.

Unit 24 Movie Tastes 영화 취향

 Would you like to go for a movie this weekend? There's a new **romcom** that just **came out**.

Actually, I'm not a big fan of romance movies.

 Oh, why not? Isn't it nice to watch feel-good movies?

I **find** them too predictable. The main characters always **end up** becoming a couple in the end.

 That's true, but it's refreshing to take a break from all the heavy stuff sometimes.

Right, but I just prefer films that challenge me or make me think.

 What about a sci-fi thriller or documentary then?

I'm always down for them! But to be honest, I prefer watching them alone so I can really focus.

---

predictable 예측할 수 있는, 뻔한   **prefer** 선호하다   **challenge** 도전 의식을 북돋우다
sci-fi 공상 과학   **thriller** 스릴러   **documentary** 다큐멘터리

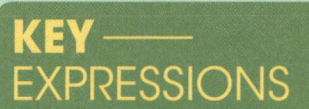

1. romcom

한국어에서 흔히 '로코'라고 하는 로맨틱 코미디(romantic comedies)의 줄임말입니다. 참고로 'Science Fiction'의 줄임말은 sci-fi라고 합니다.

Let's watch a romcom if you're in the mood for something light.
가벼운 거 보고 싶으면 로코 보자.

2. come out

여러 뜻 중 '(무형의 상품이) 새로 나오다'라는 의미로 쓰였습니다. 노래, 책, 영화 등에 쓰는 것이 자연스럽습니다. '(유형의 상품이) 출시되다'라는 의미로도 많이 쓰입니다.

It is common for scary movies to come out in summer.
공포 영화는 대부분 여름에 나와.

3. find+대상+형용사

여기서의 find는 '느끼다', '~로 여기다'라는 의미입니다. 주로 경험을 통해 어떤 것을 발견하거나 느꼈을 때 사용합니다.

I find his excuses lame.
난 그의 변명이 구차하다고 느껴져.

4. end up

'end up'은 '결국 ~하게 되다'라는 뜻입니다. 주로 의도하지 않은 결과에 이르게 되었을 때 사용하며, 뒤에는 -ing 또는 명사 형태가 옵니다.

I wanted to take a short nap but ended up sleeping for three hours.
잠깐 낮잠을 자려고 했는데, 결국 세 시간이나 잤다.

해석

A 이번 주말에 영화 보러 갈래? 새로 나온 로코(로맨틱 코미디) 있더라.
B 사실 난 로맨스 영화를 그다지 좋아하지 않아.
A 오, 왜? 기분 좋은 영화를 보면 좋지 않아?
B 그런 영화들은 너무 뻔한 것 같아서. 주인공들이 결국 항상 커플이 되는 걸로 끝나잖아.
A 그렇긴 한데, 가끔씩 모든 무거운 짐으로부터 쉬어 가면 상쾌하잖아.
B 맞아, 하지만 난 그냥 도전 의식을 북돋우거나 생각하게 만드는 영화를 선호해.
A 그럼 SF 스릴러나 다큐멘터리는 어때?
B 그런 건 항상 좋지! 근데 솔직히 말하면 난 제대로 집중할 수 있게 혼자 보는 걸 더 좋아해.

ROLE-PLAY TRAINING

먼저 B가 되어 대화해 보세요.

A Would you like to go for a movie this weekend? There's a new romcom that just came out.

B 사실 난 로맨스 영화를 그다지 좋아하지 않아.

A Oh, why not? Isn't it nice to watch feel-good movies?

B 그런 영화들은 너무 뻔한 것 같아서. 주인공들이 결국 항상 커플이 되는 걸로 끝나잖아.

A That's true, but it's refreshing to take a break from all the heavy stuff sometimes.

B 맞아, 하지만 난 그냥 도전 의식을 북돋우거나 생각하게 만드는 영화를 선호해.

A What about a sci-fi thriller or documentary then?

B 그런 건 항상 좋지! 근데 솔직히 말하면 난 제대로 집중할 수 있게 혼자 보는 걸 더 좋아해.

발음 tip

1. ro:mco:m/rɑ:mkɑ:m/은 1음절 강세+장음, 2음절 장음으로 [뢈-컴-]에 가깝게 발음합니다.
2. film/fɪlm/은 [필름]처럼 2음절짜리 발음이 아닌, [fil]을 발음함과 동시에 입을 다물 듯한 음절로 발음해 주세요. F사운드 주의!

이번에는 A가 되어 대화해 보세요.

A 이번 주말에 영화 보러 갈래? 새로 나온 로코(로맨틱 코미디) 있더라.

B Actually, I'm not a big fan of romance movies.

A 오, 왜? 기분 좋은 영화를 보면 좋지 않아?

B I find them too predictable. The main characters always end up becoming a couple in the end.

A 그렇긴 한데, 가끔씩 모든 무거운 짐으로부터 쉬어 가면 상쾌하잖아.

B Right, but I just prefer films that challenge me or make me think.

A 그럼 SF 스릴러나 다큐멘터리는 어때?

B I'm always down for them! But to be honest, I prefer watching them alone so I can really focus.

오늘의 한 문장

I find them too predictable.
그런 것들은 너무 뻔한 것 같아.

Unit 25 Whiskey 1 위스키 1

 Amy, are you free this evening?

 I'm free after 6. **What's up?**

 Do you want to grab a whiskey?

 Hmm... Actually, I'm not sure what's so appealing about whiskey.

 I felt the same way until I **took a one-day whiskey class** — it really **opened my eyes**.

 Wasn't it difficult? There're so many types of whiskey!

 That's what makes it fun to explore different flavors and **figure out** your preference.

 Can you explain the basics of the flavors?

 Sure! Basically, single malt has a stronger flavor, blended is smoother, and bourbon is a bit sweeter.

---

appealing 매력적인, 끌리는   explore 탐험하다   flavor 맛   preference 취향

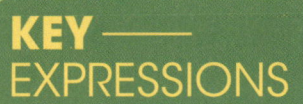

1. What's up?

"무슨 일이야?" 또는 "왜?"처럼 가볍게 이유를 묻는 표현으로도, 친한 사람들끼리 "요즘 어때?", "어떻게 지내?"와 같은 일상 인사로도 자주 사용됩니다.

Sorry I missed your calls. What's up?
전화 못 받아서 미안. 무슨 일이야?

2. take a (one-day) class

'수업을 듣다', '수강하다'는 동사로 take를 씁니다. 과목에 따라 'take an English class', 'take a yoga class' 처럼 활용할 수 있습니다.

Why don't we take a cooking class together?
우리 같이 요리 수업을 들어보는 거 어때?

3. open one's eyes

직역하면 '~의 눈을 뜨게 하다'로, 비유적으로 '어떤 것에 대해 새로운 관점을 얻다', '깨닫게 되다'를 의미합니다. 주로 긍정적인 변화에 대해 말하는 경우가 많습니다.

The card bill opened my eyes to my spending habits.
카드 청구서가 나의 소비 습관을 깨닫게 했다.

4. figure out

'알아내다', '방법을 찾다'라는 뜻입니다. 비슷한 뜻의 'find out'이 답을 알아내는 자체를 의미한다면, 'figure out'은 답을 찾으려는 능동적인 자세, 과정, 노력을 더욱 강조합니다.

Take your time to figure things out.
천천히 시간을 두고 상황을 파악해 봐.

해석

A 에이미, 오늘 저녁에 시간 돼?
B 6시 이후에 시간 돼. 무슨 일이야?
A 위스키 한잔하러 갈래?
B 음... 사실 난 위스키가 뭐가 그렇게 매력적인지 잘 모르겠어.
A 나도 똑같이 느꼈었는데, 위스키 원데이 클래스를 듣고 나서 완전 눈이 뜨였지.
B 어렵지 않았어? 위스키 종류가 너무 많잖아!
A 그게 바로 재미있는 부분인데, 다양한 맛을 탐험하면서 취향을 알아가는 거지.
B 기본적인 맛에 대해 설명해 줄 수 있어?
A 물론! 기본적으로 싱글 몰트는 좀 더 강한 맛이고, 블렌디드는 더 부드럽고, 버번은 약간 더 달아.

먼저 B가 되어 대화해 보세요.

A Amy, are you free this evening?

B **6시 이후에 시간 돼. 무슨 일이야?**

A Do you want to grab a whiskey?

B **음... 사실 난 위스키가 뭐가 그렇게 매력적인지 잘 모르겠어.**

A I felt the same way until I took a one-day whiskey class — it really opened my eyes.

B **어렵지 않았어? 위스키 종류가 너무 많잖아!**

A That's what makes it fun to explore different flavors and figure out your preference.

B **기본적인 맛에 대해 설명해 줄 수 있어?**

A Sure! Basically, single malt has a stronger flavor, blended is smoother, and bourbon is a bit sweeter.

발음 tip

1. appealing/əˈpiːlɪŋ/은 2음절 강세+장음으로 [어피일링]처럼 발음합니다.
2. smooth/smuːð/[스무-드]의 비교급인 smoother은 [스무-더]처럼 발음합니다. 스무써(x)

앞에서 배운 대화문의 상대방이 되어 직접 말해 보세요.

이번에는 A가 되어 대화해 보세요.

 에이미, 오늘 저녁에 시간 돼?

 I'm free after 6. What's up?

 위스키 한잔하러 갈래?

 Hmm… Actually, I'm not sure what's so appealing about whiskey.

 나도 똑같이 느꼈었는데, 위스키 원데이 클래스를 듣고 나서 완전 눈이 뜨였지.

 Wasn't it difficult? There're so many types of whiskey!

 그게 바로 재미있는 부분인데, 다양한 맛을 탐험하면서 취향을 알아가는 거지.

 Can you explain the basics of the flavors?

 물론! 기본적으로 싱글 몰트는 좀 더 강한 맛이고, 블렌디드는 더 부드럽고, 버번은 약간 더 달아.

오늘의 한 문장

I'm not sure what's so appealing about whiskey.
난 위스키가 뭐가 그렇게 매력적인지 잘 모르겠어.

Unit 26 Whiskey 2 위스키 2

 Hi, I'd like to order some whiskey. Could you recommend something?

 What kind of drinks do you usually enjoy — spirits or cocktails?

 I **prefer** spirits **over** sweet drinks, but since I'm a beginner with whiskey, I'd like something smooth.

 In that case, how about a well-known single malt like Macallan 12 years old?

 Oh, I've heard a lot about that brand.

 Macallan **is known for** its rich aroma and deep, well-balanced flavor.

 That's exactly what I'm looking for. I'll have it **neat**, please. And what's a good snack to **pair** with it?

 Dark chocolate or some nuts would go really well.

 Sounds perfect. I'll take both, please.

---

spirit 독주 beginner 초보자 well-known 유명한, 잘 알려진 aroma 향기
well-balanced 균형이 잘 잡힌

KEY EXPRESSIONS
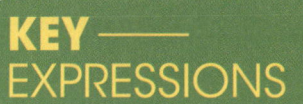

1. prefer A over B

'B보다 A를 선호하다, 더 좋아하다'라는 의미로, over 대신 to를 써도 됩니다. 더 나은 선택지가 먼저 온다는 점을 기억해 주세요. 별도로 비교 대상이 없을 때 'prefer A'만 사용하기도 합니다.

I prefer tea over coffee in the morning.
난 아침에 커피보다 차가 좋더라.

2. be known for ~

사람, 장소, 사물, 사건 등이 '~으로 잘 알려져 있다'라고 말할 때 사용합니다. 물리적 특징, 업적 등에 대해 제약 없이 쓸 수 있습니다.

Japan is known for hot springs.
일본은 온천으로 유명해요.

3. neat

위스키를 neat로 마신다는 것은 상온 상태에서 아무것도 더하지 않고 마시는 것으로, straight과도 같은 표현입니다. 얼음을 넣어 마실 경우 'on the rocks'라고 말합니다.

I prefer my whiskey on the rocks, but I don't mind it neat.
난 위스키를 온더록스으로 마시는 게 더 좋지만 니트도 나쁘지 않아.

4. pair

pair는 '어울리다'라는 뜻입니다. 함께 먹거나 마실 때 '서로 잘 어울린다'라는 의미로 'pair well'을 사용합니다. 보통 음료와 음식의 궁합을 말할 때 자주 씁니다.

They say seafood pairs well with white wine.
사람들이 해산물은 화이트 와인이랑 잘 어울린대.

A 안녕하세요, 위스키를 좀 주문하려고요. 추천해 주실 수 있나요?
B 평소에 어떤 술을 즐겨 드시나요? 독주 아니면 칵테일이요?
A 전 단맛의 술보다는 독주를 선호하는데, 위스키는 초보라서 부드러운 걸로 부탁드릴게요.
B 그렇다면 맥켈란 12년산 같은 유명한 싱글 몰트는 어떠세요?
A 오, 그 브랜드 많이 들어 봤어요.
B 맥켈란은 풍부한 향과 깊고 균형 잡힌 맛으로 유명하죠.
A 바로 제가 찾는 거네요. 니트로 할게요. 그리고 그거랑 잘 어울리는 안주는 뭔가요?
B 다크 초콜릿이나 견과류가 아주 잘 어울릴 거예요.
A 완벽하게 들리네요. 둘 다 주세요.

ROLE-PLAY TRAINING

먼저 B가 되어 대화해 보세요.

A Hi, I'd like to order some whiskey. Could you recommend something?

B **평소에 어떤 술을 즐겨 드시나요? 독주 아니면 칵테일이요?**

A I prefer spirits over sweet drinks, but since I'm a beginner with whiskey, I'd like something smooth.

B **그렇다면 맥켈란 12년산 같은 유명한 싱글 몰트는 어떠세요?**

A Oh, I've heard a lot about that brand.

B **맥켈란은 풍부한 향과 깊고 균형 잡힌 맛으로 유명하죠.**

A That's exactly what I'm looking for. I'll have it neat, please. And what's a good snack to pair with it?

B **다크 초콜릿이나 견과류가 아주 잘 어울릴 거예요.**

A Sounds perfect. I'll take both, please.

발음 tip

1. 1음절 강세인 often/ˈɔːfn/, /ˈɔːftən/은 [t] 사운드를 낼 수도, 생략할 수도 있습니다.
2. aroma/əˈrəʊmə/는 2음절 강세로 [아뤄우마]에 가깝게 발음합니다. 아로마(x)

앞에서 배운 대화문의 상대방이 되어 직접 말해 보세요.

이번에는 A가 되어 대화해 보세요.

A 안녕하세요, 위스키를 좀 주문하려고요. 추천해 주실 수 있나요?

B What kind of drinks do you usually enjoy — spirits or cocktails?

A 전 단맛의 술보다는 독주를 선호하는데, 위스키는 초보라서 부드러운 걸로 부탁드릴게요.

B In that case, how about a well-known single malt like Macallan 12 years old?

A 오, 그 브랜드 많이 들어 봤어요.

B Macallan is known for its rich aroma and deep, well-balanced flavor.

A 바로 제가 찾는 거네요. 니트로 할게요. 그리고 그거랑 잘 어울리는 안주는 뭔가요?

B Dark chocolate or some nuts would go really well.

A 완벽하게 들리네요. 둘 다 주세요.

오늘의 한 문장

What's a good snack to pair with it?
그거랑 잘 어울리는 안주는 뭔가요?

Unit 27 Contrasting Friends 대조적인 친구들

 What a beautiful day! Hey, do you want to go to the zoo or botanical garden?

Uh, the botanical garden sounds good. But when?

 Now!

Oh, that's sudden. Shouldn't we plan it a bit, like checking the opening hours and **ETA**?

 What's there to plan? We can just **go with the flow**.

I think it's better to make a solid plan to make sure everything goes smoothly.

 How about we make a rough plan but still leave some **room for** surprises?

I hate surprises… First, why don't we **jot down** what we need and figure out the quickest way there?

 The quickest way is to leave now! Let's get moving!

---

botanical garden 식물원 sudden 갑작스러운 solid 견고한, 확실한 rough 대략적인
figure out 알아내다

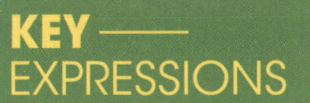

1. ETA

'Estimated Time of Arrival'의 약자로, '도착 예정 시간'을 의미합니다. 항공, 배송, 교통 등에서 자주 사용되며, 비즈니스나 일상 대화에서도 자주 사용합니다.

I'll text you my **ETA** once I'm on the road.
출발하면서 도착 예정 시간을 문자할게.

2. go with the flow

'go with the flow'를 직역하면 '흐름과 함께 가다'로, '상황에 맞춰 유연하게 행동하다'라는 의미로 사용됩니다. 비슷한 표현으로 'be flexible'이 있습니다.

I learned to **go with the flow** when things don't go as planned.
난 일이 계획대로 되지 않을 땐 흐름에 맡기는 법을 배웠어.

3. room for ~

room은 '방' 이외에도 '여지', '가능성'의 뜻을 갖고 있어, 'room for ~'는 '~이 생길 가능성'을 의미합니다.

We need a solid plan with no **room for** error.
우리는 실수의 여지가 없는 확실한 계획이 필요합니다.

4. jot down

'간단히 적다', '메모하다'라는 구어체 표현으로, 'write down'보다 더 짧고 즉흥적인 메모를 할 때 자주 쓰입니다.

She always keeps a notebook to **jot down** ideas for her stories.
그녀는 항상 자신의 이야기 아이디어를 메모하기 위해 공책을 가지고 다닌다.

A 날이 너무 좋다! 야, 동물원이나 식물원 갈까?
B 어, 식물원 좋은데. 근데 언제?
A 지금!
B 오, 그거 갑작스럽네. 우리 계획을 좀 짜야 하지 않을까, 운영 시간이랑 도착 예정 시간도 확인하고.
A 계획할 게 뭐 있어? 그냥 되는대로 가면 되지.
B 모든 게 순조로우려면 확실한 계획을 세우는 게 나은 것 같은데.
A 대략적인 계획은 세우되 놀랄 여지를 좀 남겨 두는 건 어때?
B 난 서프라이즈가 싫은데... 우선 우리 필요한 것 좀 적어 보고 목적지까지 가는 가장 빠른 방법을 찾아보는 게 어때?
A 가장 빠른 방법은 지금 출발하는 거야! 얼른 움직이자!

먼저 B가 되어 대화해 보세요.

A What a beautiful day! Hey, do you want to go to the zoo or botanical garden?

B 어, 식물원 좋은데. 근데 언제?

A Now!

B 오, 그거 갑작스럽네. 우리 계획을 좀 짜야 하지 않을까, 운영 시간이랑 도착 예정 시간도 확인하고.

A What's there to plan? We can just go with the flow.

B 모든 게 순조로우려면 확실한 계획을 세우는 게 나은 것 같은데.

A How about we make a rough plan but still leave some room for surprises?

B 난 서프라이즈가 싫은데… 우선 우리 필요한 것 좀 적어 보고 목적지까지 가는 가장 빠른 방법을 찾아보는 게 어때?

A The quickest way is to leave now! Let's get moving!

1. rough의 [gh]는 [f] 사운드로, /rʌf/[뤄ㅍ]처럼 발음합니다.
2. 'make sure'은 [sure]의 음가가 [make]보다 높은 것이 자연스럽습니다.

앞에서 배운 대화문의 상대방이 되어 직접 말해 보세요.

이번에는 A가 되어 대화해 보세요.

A 날이 너무 좋다! 야, 동물원이나 식물원 갈까?

B Uh, the botanical garden sounds good. But when?

A 지금!

B Oh, that's sudden. Shouldn't we plan it a bit, like checking the opening hours and ETA?

A 계획할 게 뭐 있어? 그냥 되는대로 가면 되지.

B I think it's better to make a solid plan to make sure everything goes smoothly.

A 대략적인 계획은 세우되 놀랄 여지를 좀 남겨 두는 건 어때?

B I hate surprises… First, why don't we jot down what we need and figure out the quickest way there?

A 가장 빠른 방법은 지금 출발하는 거야! 얼른 움직이자!

> **오늘의 한 문장**
>
> **We can just go with the flow.**
>
> 그냥 되는대로 가면 되지.

Unit 28 Ordering at Baskin-Robbins
배스킨라빈스에서 주문하기

 Welcome to Baskin-Robbins! What can I get for you today?

Hi, I'd like a scoop of Cherries Jubilee in a **waffle cone**, please.

 Sure! Do you want any toppings, like **whipped cream** or **hot fudge**?

No, I'm good. Actually, can I try samples of Pistachio Almond and Old-Fashioned Butter Pecan?

 Of course! One second. … Here you go.

Thank you. … I'll also get a **pint** with Pistachio Almond, Rainbow Sherbet, and Oreo Cookies'n Cream to go.

 Alright. Your total is $12.25. How many spoons would you like?

Three, please. And where can I find napkins?

 They're right behind you at the self-service station.

---

scoop 스쿱, 큰 숟가락   napkin 냅킨   right behind 바로 뒤에

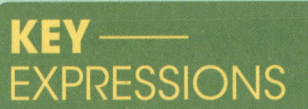

1. waffle cone

와플처럼 격자가 보이는 아이스크림 콘 입니다. 각양각색의 설탕 조각을 뿌린 sprinkled cone, 초콜릿이 발린 chocolate-dipped waffle cone 등 다양한 종류가 있습니다.

I love the smell of freshly baked waffle cones at the ice cream shop. 난 아이스크림 가게에서 갓 구운 와플 콘 냄새가 너무 좋아.

2. whipped cream

한국에서는 '생크림'이나 '휘핑 크림'으로 불립니다. 참고로, 'whipping cream'은 휘젓기 전 액체 상태의 원재료 크림을 말합니다.

You put too much whipped cream on your hot chocolate.
너는 핫초코에 생크림을 너무 많이 넣는다.

3. hot fudge

초콜릿, 설탕, 버터, 우유 등을 사용해 만드는 따뜻하고 진한 초콜릿 소스로, 주로 아이스크림, 브라우니, 케이크 등의 디저트에 얹어 먹습니다.

An ice cream sundae just isn't complete without a good amount of hot fudge on top!
아이스크림 선데는 위에 핫 퍼지를 듬뿍 얹어야 완성이지!

4. pint

주로 액체로 된 식재료, 아이스크림, 맥주 등을 재는 부피의 단위입니다. 미국에서 1 pint는 약 473ml(16oz), 영국에서는 약 568ml(20oz)입니다.

The medium-sized tumbler holds about a pint.
중간 사이즈 텀블러는 1파인트 정도 들어가.

A 배스킨라빈스에 오신 걸 환영합니다! 어떤 걸로 드릴까요?
B 안녕하세요, 저 와플 콘에 체리 쥬빌레 싱글로 주세요.
A 알겠습니다! 생크림이나 핫 퍼지 같은 토핑도 추가하시겠어요?
B 아뇨, 괜찮아요. 저기, 혹시 피스타치오 아몬드랑 올드 패션 버터 피칸 맛 샘플을 좀 먹어 볼 수 있을까요?
A 물론이죠! 잠시만요. ... 여기 있습니다.
B 감사합니다. ... 파인트 사이즈에 피스타치오 아몬드, 레인보우 셔벗, 오레오 쿠키 앤 크림으로 하나 포장할게요.
A 알겠습니다. 총 12달러 25센트입니다. 숟가락은 몇 개 드릴까요?
B 세 개요. 그리고 냅킨은 어디에 있나요?
A 손님 바로 뒤에 셀프 서비스 구역에 있습니다.

ROLE-PLAY TRAINING

먼저 B가 되어 대화해 보세요.

A Welcome to Baskin-Robbins! What can I get for you today?

B **안녕하세요, 저 와플 콘에 체리 쥬빌레 싱글로 주세요.**

A Sure! Do you want any toppings, like whipped cream or hot fudge?

B **아뇨, 괜찮아요. 저기, 혹시 피스타치오 아몬드랑 올드 패션 버터 피칸 맛 샘플을 좀 먹어 볼 수 있을까요?**

A Of course! One second. ... Here you go.

B **감사합니다. ... 파인트 사이즈에 피스타치오 아몬드, 레인보우 셔벗, 오레오 쿠키 앤 크림으로 하나 포장할게요.**

A Alright. Your total is $12.25. How many spoons would you like?

B **세 개요. 그리고 냅킨은 어디에 있나요?**

A They're right behind you at the self-service station.

1. fudge/fʌdʒ/의 [ge]는 [쥐]를 바람 소리로 내듯 강하지 않게 발음해 주세요.
2. jubilee는 3음절 강세의 /dʒuːbɪˈliː/[쥬빌리-] 또는 1음절 강세의 /ˈdʒuːbɪliː/[쥬-빌리] 모두 가능하며, [ju]와 [lee] 모두 장음입니다.

앞에서 배운 대화문의 상대방이 되어 직접 말해 보세요.

이번에는 A가 되어 대화해 보세요.

A 배스킨라빈스에 오신 걸 환영합니다! 어떤 걸로 드릴까요?

B Hi, I'd like a scoop of Cherries Jubilee in a waffle cone, please.

A 알겠습니다! 생크림이나 핫 퍼지 같은 토핑도 추가하시겠어요?

B No, I'm good. Actually, can I try samples of Pistachio Almond and Old-Fashioned Butter Pecan?

A 물론이죠! 잠시만요. … 여기 있습니다.

B Thank you. … I'll also get a pint with Pistachio Almond, Rainbow Sherbet, and Oreo Cookies'n Cream to go.

A 알겠습니다. 총 12달러 25센트입니다. 숟가락은 몇 개 드릴까요?

B Three, please. And where can I find napkins?

A 손님 바로 뒤에 셀프 서비스 구역에 있습니다.

오늘의 한 문장

Where can I find napkins?

냅킨은 어디에 있나요?

Unit 29 After the Holiday 연휴 이후

 Did you have a nice holiday?

 Oh man, **don't even mention it.** I had to drive over 10 hours, and I'm **sore all over**.

 Wow, where did you go?

 We visited my **in-laws** in Jinju. We ended up spending only about 3 hours at their place, though.

 Ugh, that sounds exhausting. Holiday traffic is the worst.

 What about you? Did you go anywhere?

 This time, my family and I took a trip to Jeju Island.

 How nice! Do you usually travel over the holidays?

 No, we typically head to my hometown, but we **made an exception** this year for my parents' 30th anniversary.

---

end up -ing 결국 ~하게 되다 exhausting 지치게 하는, 몹시 피곤하게 하는
typically 보통, 일반적으로 head to ~로 향하다 anniversary 기념일

KEY EXPRESSIONS

1. Don't even mention it.

대화문에서는 "말도 마.", "말도 꺼내지 마."라는 의미로 사용되었으며, 주로 감정적인 반응을 강조하거나 부정적인 뉘앙스를 전달할 때 쓰입니다.

A: Did you finish the paperwork on time?
B: **Don't even mention it.** I barely made it.

A: 서류 작업 제시간에 마쳤어? / B: 말도 마. 간신히 끝냈어.

2. sore all over

온몸이 쑤시고 아픈 상태를 가리킵니다. 감염, 과로가 원인일 수도 있지만, 근육통, 관절통과 같이 신체에 광범위한 통증이 느껴질 때도 쓸 수 있는 표현입니다.

I feel **sore all over** and can barely move. I might have the flu.

온몸이 쑤시고 움직이기가 너무 힘드네. 나 독감일지도 몰라.

3. in-laws

결혼을 통해 생긴 인척을 말합니다. 영어에서는 시가/처가 식구를 구분하지 않습니다.

He's a little nervous about meeting his future **in-laws**.

그는 예비 처가댁 식구들을 만나는 것에 대해 약간 긴장하고 있어.

4. make an exception

'예외를 두다'라는 뜻입니다. 규칙이나 루틴에서 벗어날 만한 특별한 사정이 있을 때, 또는 호의를 베풀 때 자주 쓰는 표현입니다.

I don't usually allow my kids to stay up late, but I **make an exception** for New Year's Eve.

나는 보통 아이들이 늦게까지 안 자는 것을 허락하지 않지만, 새해 전야에는 특별히 예외를 둔다.

해석

A 명절 잘 잘 보냈어요?
B 어휴, 말도 마요. 10시간 넘게 운전을 했어야 해서 온몸이 쑤셔요.
A 와, 어디를 다녀왔는데요?
B 진주에 계신 처가댁요. 근데 정작 거기서는 3시간 남짓 있었죠.
A 으, 지쳤겠어요. 명절 교통은 최악이죠.
B 당신은요? 명절에 어디 안 갔어요?
A 저는 이번엔 가족들하고 제주도 여행을 다녀왔어요.
B 멋지네요! 명절에 주로 여행을 가나요?
A 아뇨, 저희도 보통은 고향에 가지만 올해는 부모님 결혼 30주년이라 특별히 여행을 갔어요.

B  ROLE-PLAY TRAINING

먼저 B가 되어 대화해 보세요.

A Did you have a nice holiday?

B **어휴, 말도 마요. 10시간 넘게 운전을 했어야 해서 온몸이 쑤셔요.**

A Wow, where did you go?

B **진주에 계신 처가댁이요. 근데 정작 거기서는 3시간 남짓 있었죠.**

A Ugh, that sounds exhausting. Holiday traffic is the worst.

B **당신은요? 명절에 어디 안 갔어요?**

A This time, my family and I took a trip to Jeju Island.

B **멋지네요! 명절에 주로 여행을 가나요?**

A No, we typically head to my hometown, but we made an exception this year for my parents' 30th anniversary.

1. 'all over/ɔːl ˈəʊvər/'을 연음할 때 [얼-러버]처럼 L 사운드를 O와 연결해 발음해 주세요. 올 오버(x)
2. 30th(thirtieth)/θɜːrtiəθ/는 [떠-티어ㄸ]에 가깝게 발음합니다. Th 발음에 유의해 주세요. 떠티쓰(x)

앞에서 배운 대화문의 상대방이 되어 직접 말해 보세요.

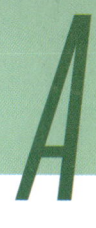

이번에는 A가 되어 대화해 보세요.

 A 명절 잘 잘 보냈어요?

B Oh man, don't even mention it. I had to drive over 10 hours, and I'm sore all over.

 A 와, 어디를 다녀왔는데요?

B We visited my in-laws in Jinju. We ended up spending only about 3 hours at their place, though.

 A 으, 지쳤겠어요. 명절 교통은 최악이죠.

B What about you? Did you go anywhere?

 A 저는 이번엔 가족들하고 제주도 여행을 다녀왔어요.

B How nice! Do you usually travel over the holidays?

 A 아뇨, 저희도 보통은 고향에 가지만 올해는 부모님 결혼 30주년이라 특별히 여행을 갔어요.

오늘의 한 문장

I'm sore all over.
온몸이 쑤셔요.

Unit 30 Cold Weather 추운 날씨

 Hey, it seems like you have **a runny nose**. Did you catch a cold?

 No, but I keep sniffling because of the freezing weather.

 The weather app says it's about 10 degrees below zero today.

 It feels even colder with the wind. I can barely feel my legs!

 That's why I'm **bundled up** in layers, including thermal underwear.

 Is that good? I thought it might feel too **stuffy**.

 Once you try it, you can't go outside without it.

 I should get a pair. Ugh, I just can't wait to get home and lie down on the heating pad!

 Here, take this **hand warmer** for now. I've got plenty at home.

---

sniffle 코를 훌쩍이다 **barely** 겨우, 간신히 **in layer** 겹겹이 **thermal** 열의, 체온을 유지하는
lie down 눕다 **heating pad** 전기장판, 전기 담요

KEY EXPRESSIONS

1. a runny nose

'콧물이 흐르는 상태의 코'나 '콧물'이라는 증상 자체를 의미합니다. 참고로, sniffle은 가벼운 감기나 알레르기 등으로 인해 일시적으로 '코를 훌쩍거리다'라는 뜻입니다.

I seem to have **a runny nose** of my allergies.
나 알레르기 때문에 콧물이 나는 것 같아.

2. bundle up

'bundle up'은 '껴입다', '따뜻하게 입다'라는 뜻입니다. 참고로, 'I'm bundled up'은 현재 옷을 껴입은 상태에 초점을, 'I bundled up'은 옷을 입는 행동 자체에 초점이 있습니다.

Make sure to **bundle up** in a padded coat and muffler.
패딩과 목도리로 따뜻하게 감싸도록 해.

3. stuffy

stuffy는 '답답한', '숨이 막히는 듯한' 느낌을 나타낼 때 사용하는 표현으로, 옷이 답답할 때나 공기가 답답하고 후덥지근할 때 주로 사용합니다.

The subway is so **stuffy** during rush hour.
출퇴근 시간의 지하철은 너무 답답해.

4. hand warmer

'핫팩'의 올바른 영어 표현으로, 일회용과 재사용 가능한 형태가 있습니다. 일회용을 강조할 때는 'disposable hand warmer'라고 말할 수 있습니다.

This **hand warmer** lasts up to 12 hours and even sticks on, which is super handy.
이 핫팩은 12시간까지 지속되는데, 붙이기까지 할 수 있어서 완전 편리해.

A 야, 너 콧물 나오는 것 같은데, 감기 걸렸어?
B 아니, 근데 날씨가 너무 추워서 자꾸 훌쩍거리게 되네.
A 날씨 앱 보니까 오늘 영하 10도 정도래.
B 바람 때문에 그것보다 훨씬 더 춥게 느껴지는 걸. 다리에 감각이 거의 안 느껴져!
A 그래서 난 발열 내의까지 여러 겹 껴입었어.
B 그거 좋아? 너무 답답할 수도 있을 것 같아서.
A 한번 입어 보면 이거 없이는 밖에 못 나가.
B 나도 한 벌 사야겠다. 으, 얼른 집에 가서 따뜻한 전기 매트에 눕고 싶어!
A 자, 일단 이 핫팩 가져가. 우리 집에 엄청 많아.

| 133

ROLE-PLAY TRAINING

먼저 B가 되어 대화해 보세요.

A Hey, it seems like you have a runny nose. Did you catch a cold?

B **아니, 근데 날씨가 너무 추워서 자꾸 훌쩍거리게 되네.**

A The weather app says it's about 10 degrees below zero today.

B **바람 때문에 그것보다 훨씬 더 춥게 느껴지는 걸. 다리에 감각이 거의 안 느껴져!**

A That's why I'm bundled up in layers, including thermal underwear.

B **그거 좋아? 너무 답답할 수도 있을 것 같아서.**

A Once you try it, you can't go outside without it.

B **나도 한 벌 사야겠다. 으, 얼른 집에 가서 따뜻한 전기 매트에 눕고 싶어!**

A Here, take this hand warmer for now. I've got plenty at home.

1. zero/zɪrəʊ/는 1음절 강세로, z 사운드 진동과 함께 [쥐뤄]에 가깝게 발음합니다. 제로(X)
2. seem, keep, feel, freezing처럼 [ee]가 들어가는 음절은 장음이므로 약간 길게 발음해 주세요.

앞에서 배운 대화문의 상대방이 되어 직접 말해 보세요.

이번에는 A가 되어 대화해 보세요.

A 야, 너 콧물 나오는 것 같은데, 감기 걸렸어?

B No, but I keep sniffling because of the freezing weather.

A 날씨 앱 보니까 오늘 영하 10도 정도래.

B It feels even colder with the wind. I can barely feel my legs!

A 그래서 난 발열 내의까지 여러 겹 껴입었어.

B Is that good? I thought it might feel too stuffy.

A 한번 입어 보면 이거 없이는 밖에 못 나가.

B I should get a pair. Ugh, I just can't wait to get home and lie down on the heating pad!

A 자, 일단 이 핫팩 가져가. 우리 집에 엄청 많아.

오늘의 한 문장
I'm bundled up in layers.
여러 겹을 껴입었어.

Unit 31 New Season 새로운 계절

 It's pretty warm out today. It feels like spring is **in the air**!

 I know! It's time to **get** the winter coats **cleaned** and take out the lighter clothes.

 I feel like I need to throw away some old spring clothes and shop for new ones.

 Oh? I thought you had a ton of clothes already!

 I do, but whenever the seasons change, I feel like I have nothing to wear.

 Haha, I totally get it. It's not that you need more clothes, but you want a fresh look.

 Exactly, 'cause fashion trends change every year!

 True, but you know **they come and go**. So maybe **hold onto** some of the classics!

---

throw away 버리다 a ton of 엄청 많은 whenever ~할 때마다
'cause because(왜냐하면, ~ 때문에)의 구어체적 표현

KEY EXPRESSIONS

1. in the air
실제 공중에 떠 있는 것을 묘사할 때도 사용되지만, 특정한 분위기나 기운이 공기 중에 감도는, 즉 '어디서나 느껴지는'의 비유적인 의미로도 자주 씁니다.

Love is in the air as Valentine's Day approaches.
밸런타인데이가 다가오니 사랑이 넘치는 분위기야.

2. get ~ p.p.
'get ~ p.p.(과거분사)'는 '~가 …되도록 다른 누군가에게 맡기다'라는 의미입니다. '머리를 자르다(get my hair cut)', '차를 고치다(get my car fixed)'처럼 사용합니다.

We should get the carpets cleaned this Saturday.
이번 토요일에 카펫 세탁을 맡겨야겠어.

3. They come and go.
'come and go'는 '(자유롭게) 오가다', '나타났다 사라졌다 하다'라는 뜻으로, 유행뿐만 아니라 감정, 인연, 기회 등이 오래 머무르지 않고 반복적으로 나타났다 사라지는 현상을 설명할 때 사용합니다.

Friends come and go, but true friends stay.
친구들은 있다 없다 하지만, 진정한 친구는 남는다.

4. hold onto ~
'hold onto'는 무언가를 '꽉 잡다', '지키다', '간직하다'라는 의미로, 물리적인 물건뿐 아니라 추억, 가치, 또는 중요한 것들을 마음속에 간직하는 상황에서도 사용됩니다.

I'll hold onto the memories from here.
여기서의 추억을 간직할게.

A 오늘 날씨가 꽤 따뜻하네. 봄이 온 것 같아!
B 그러게! 겨울 코트는 세탁하고 더 가벼운 옷을 꺼낼 시간이야.
A 나 예전 봄 옷은 좀 버리고 새 옷 쇼핑을 해야 할 것 같아.
B 어? 넌 이미 옷이 엄청 많은 줄 알았는데!
A 그렇긴 한데, 계절이 바뀔 때마다 입을 옷이 없다는 느낌이야.
B 하하, 완전 공감해. 옷이 더 필요한 게 아니라 신선한 룩을 원하는 거지.
A 정확해, 왜냐면 유행이 매년 바뀌니까!
B 그치, 하지만 유행은 돌고 도는 거 알잖아. 그러니 클래식한 것들은 좀 남겨 둬도 좋을 듯해!

B ROLE-PLAY TRAINING

먼저 B가 되어 대화해 보세요.

A : It's pretty warm out today. It feels like spring is in the air!

B : 그러게! 겨울 코트는 세탁하고 더 가벼운 옷을 꺼낼 시간이야.

A : I feel like I need to throw away some old spring clothes and shop for new ones.

B : 어? 넌 이미 옷이 엄청 많은 줄 알았는데!

A : I do, but whenever the seasons change, I feel like I have nothing to wear.

B : 하하, 완전 공감해. 옷이 더 필요한 게 아니라 신선한 룩을 원하는 거지.

A : Exactly, 'cause fashion trends change every year!

B : 그치, 하지만 유행은 돌고 도는 거 알잖아. 그러니 클래식한 것들은 좀 남겨 둬도 좋을 듯해!

발음 tip

1 clothes는 /kləʊðz/, /kləʊz/[클러우ㅈ]처럼 발음합니다. 클로씨스, 클로지스(x)
2 true/tru:/는 [트루]보다는 [츄루-]에 가깝게 소리냅니다.

이번에는 A가 되어 대화해 보세요.

A 오늘 날씨가 꽤 따뜻하네. 봄이 온 것 같아!

B I know! It's time to get the winter coats cleaned and take out the lighter clothes.

A 나 예전 봄 옷은 좀 버리고 새 옷 쇼핑을 해야 할 것 같아.

B Oh? I thought you had a ton of clothes already!

A 그렇긴 한데, 계절이 바뀔 때마다 입을 옷이 없다는 느낌이야.

B Haha, I totally get it. It's not that you need more clothes, but you want a fresh look.

A 정확해, 왜냐면 유행이 매년 바뀌니까!

B True, but you know they come and go. So maybe hold onto some of the classics!

오늘의 한 문장
It feels like spring is in the air!
봄이 온 것 같아!

Unit 32 Parents' Day 어버이날

 What a cute card! Who is it for?

 For my parents. Parents' Day is **just around the corner**.

 Oh, I see. Do you have any special plans?

 Yeah, I'm **taking** them **out** to a **decent** restaurant and also picking up flowers and a cake on the way.

 That's sweet! In the U.S., we actually have Mother's Day in May and Father's Day in June.

 Really? How do you celebrate?

 Similar to you: we give cards, flowers, gifts, and usually have a nice meal together.

 What gifts are you planning this year? I'm giving them cash, as always.

 Same here. **You can never go wrong with** cash!

Parents' Day 어버이날   **celebrate** 기념하다, 축하하다   **similar** 유사한, 비슷한
as always 언제나처럼

KEY EXPRESSIONS

1. just around the corner

'코앞에 있는'이라는 의미로, 물리적으로 가까울 때도, 시점이 다가왔을 때도 사용 가능합니다. 보통 부정적인 사건보다는 기대되는 긍정적인 일정이나 기쁜 소식에 대해 말할 때 사용합니다.

With Christmas **just around the corner**, everyone is busy decorating.
크리스마스가 코앞이니까 모두들 장식하느라 바쁘구나.

2. take+사람+out

'take out'의 목적어가 사람일 때는 뜻이 아주 다양합니다. 기본적인 '데리고 나가다'부터 경쟁에서 상대를 '제거하다', 범죄 상황에서 '죽이다', 바깥 '데이트에 초대하다' 등으로 쓰입니다.

I can't wait to **take** you **out** to that cozy little bar.
얼른 너를 그 아늑한 바에 데려가고 싶어.

3. decent

'괜찮은', '상당한'의 의미로, 사람, 행동, 품질, 수량 등에 대해 다양하게 쓸 수 있습니다. '최고는 아니지만 흠 잡을 데 없는' 정도의 적절함을 가리킵니다.

We finally found a **decent** place to have dinner.
우리는 드디어 저녁을 먹을 괜찮은 식당을 찾았다.

4. You can never go wrong with ~

'안 좋은 결과를 가져오다'의 'go wrong'이 부정의 never와 만나 '절대 잘못될 일이 없다', 즉 '항상 결과가 좋다'라는 뜻을 갖습니다. 즉, '항상 옳다'라는 의미로 쓰입니다.

You can never go wrong with black dress for formal events.
격식 있는 행사에 검은색 원피스는 항상 옳지.

A 카드 예쁘다! 누구한테 주는 거야?
B 부모님. 어버이날이 코앞이거든.
A 아, 그렇구나. 특별한 계획이 있어?
B 응, 괜찮은 식당에 모시고 갈 거고, 가는 길에 꽃이랑 케이크도 픽업할 거야.
A 다정하다! 미국에는 사실 5월에 어머니의 날이랑 6월에 아버지의 날이 있어.
B 정말? 어떻게 기념해?
A 너희랑 비슷해. 카드, 꽃, 선물을 드리고 주로 좋은 식사를 함께 하지.
B 올해는 어떤 선물을 계획 중이야? 난 언제나처럼 현금을 드리려고.
A 나도야. 현금은 언제나 옳으니까!

ROLE-PLAY TRAINING

먼저 B가 되어 대화해 보세요.

A What a cute card! Who is it for?

B 부모님. 어버이날이 코앞이거든.

A Oh, I see. Do you have any special plans?

B 응, 괜찮은 식당에 모시고 갈 거고, 가는 길에 꽃이랑 케이크도 픽업할 거야.

A That's sweet! In the U.S., we actually have Mother's Day in May and Father's Day in June.

B 정말? 어떻게 기념해?

A Similar to you: we give cards, flowers, gifts, and usually have a nice meal together.

B 올해는 어떤 선물을 계획 중이야? 난 언제나처럼 현금을 드리려고.

A Same here. You can never go wrong with cash!

1 definitely/defɪnətli/는 1음절 강세로 [뎊피닡을리]에 가깝게 발음합니다.
2 decent/diːsnt/는 1음절 강세+장음으로 [디-쓴트]처럼 발음합니다.

이번에는 A가 되어 대화해 보세요.

A 카드 예쁘다! 누구한테 주는 거야?

B For my parents. Parents' Day is just around the corner.

A 아, 그렇구나. 특별한 계획이 있어?

B Yeah, I'm taking them out to a decent restaurant and also picking up flowers and a cake on the way.

A 다정하다! 미국에는 사실 5월에 어머니의 날이랑 6월에 아버지의 날이 있어.

B Really? How do you celebrate?

A 너희랑 비슷해. 카드, 꽃, 선물을 드리고 주로 좋은 식사를 함께 하지.

B What gifts are you planning this year? I'm giving them cash, as always.

A 나도야. 현금은 언제나 옳으니까!

오늘의 한 문장

You can never go wrong with cash!

현금은 언제나 옳으니까!

Unit 33 Recommending a Travel Spot
여행지 추천하기

 Pleased to meet you, Alex. Is this your first visit to Seoul?

Yes, I'm really excited and **looking forward to** it.

 Then may I suggest some good places to visit?

Sure, **I'd appreciate that.** I usually enjoy visiting historical sites when traveling abroad.

 In that case, Gyeongbokgung Palace is **a must-see**. It's where the kings lived and worked during the Joseon Dynasty.

So, it was like the White House in the U.S., right? Can I get there by subway?

 Of course. Take the subway Line 3 and get off at Gyeongbokgung Station. Then walk out from Exit 5.

Thank you. I'd love to **check** it **out** today.

---

suggest 제안하다　**historical site** 역사적인 장소, 유적지　**the Joseon Dynasty** 조선 시대
the White House 백악관　**get off** (대중교통에서) 내리다

1. look forward to ~

긍정적, 희망적인 마음으로 어떤 것을 '기대하다', '고대하다'라는 뜻입니다. 여기서 to는 전치사이므로 뒤에 반드시 명사 또는 동명사 형태를 사용합니다.

I'm really **looking forward to** meeting her in person.
그녀를 직접 만나는 게 정말 기대돼.

2. I'd appreciate that.

"그렇게 해 주시면 감사하겠습니다."라는 의미로, I'd(=I would)를 사용했기에 상대방에게 받을 도움이나 제안을 수락하며 미리 감사함을 나타내는 정중한 표현입니다.

I'd appreciate it if you could call me back later.
나중에 전화해 주시면 감사하겠습니다.

3. a must-see

'꼭 봐야 할 것'이라는 뜻으로, 장소뿐만 아니라 영화, 공연, 전시 등 문화적 콘텐츠 등을 강력히 추천할 때 사용하는 표현입니다.

The Eiffel Tower is **a must-see** in Paris.
파리에서 에펠탑은 꼭 봐야 하지.

4. check ~ out

물건이나 장소, 특히 관광 목적으로 유명한 장소를 '자세히 살펴보다'라는 의미입니다.

Let's **check out** that new restaurant downtown.
시내에 새로 생긴 식당에 꼭 한번 가 보자.

A 만나 뵈어 반갑습니다, 알렉스. 서울 방문은 처음이신가요?
B 네, 정말 설레고 기대가 됩니다.
A 그럼 제가 좋은 여행지를 좀 추천해 드려도 될까요?
B 그럼 정말 감사하죠. 저는 해외 여행을 할 때는 주로 그 나라의 역사적인 장소를 방문하는 것을 좋아해요.
A 그렇다면 경복궁을 꼭 가 보세요. 조선 시대에 왕들이 거주하며 업무를 보던 곳이에요.
B 그럼, 마치 미국의 백악관과 같았던 거군요, 그렇죠? 거기 지하철로 갈 수 있나요?
A 물론입니다. 지하철 3호선을 타고 경복궁역에서 내리세요. 그리고 5번 출구로 나와 걸어가세요.
B 감사합니다. 오늘 바로 가 보고 싶네요.

ROLE-PLAY TRAINING

먼저 B가 되어 대화해 보세요.

A Pleased to meet you, Alex. Is this your first visit to Seoul?

B 네, 정말 설레고 기대가 됩니다.

A Then may I suggest some good places to visit?

B 그럼 정말 감사하죠. 저는 해외 여행을 할 때는 주로 그 나라의 역사적인 장소를 방문하는 것을 좋아해요.

A In that case, Gyeongbokgung Palace is a must-see. It's where the kings lived and worked during the Joseon Dynasty.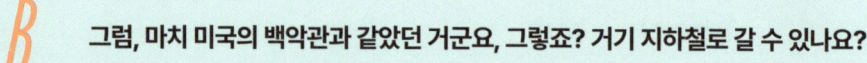

B 그럼, 마치 미국의 백악관과 같았던 거군요, 그렇죠? 거기 지하철로 갈 수 있나요?

A Of course. Take the subway Line 3 and get off at Gyeongbokgung Station. Then walk out from Exit 5.

B 감사합니다. 오늘 바로 가 보고 싶네요.

1. Seoul/soul/은 [쏘울] 또는 [써울]에 가깝게 한 음절처럼 부드럽게 발음합니다. 서울(x)
2. exit/ɛksɪt/은 1음절 강세로 [엑씯] 또는 /ɛgzɪt/[에ㄱ짙]처럼 발음합니다.

이번에는 A가 되어 대화해 보세요.

A 만나 뵈어 반갑습니다, 알렉스. 서울 방문은 처음이신가요?

B Yes, I'm really excited and looking forward to it.

A 그럼 제가 좋은 여행지를 좀 추천해 드려도 될까요?

B Sure, I'd appreciate that. I usually enjoy visiting historical sites when traveling abroad.

A 그렇다면 경복궁을 꼭 가 보세요. 조선 시대에 왕들이 거주하며 업무를 보던 곳이에요.

B So, it was like the White House in the U.S., right? Can I get there by subway?

A 물론입니다. 지하철 3호선을 타고 경복궁역에서 내리세요. 그리고 5번 출구로 나와 걸어가세요.

B Thank you. I'd love to check it out today.

오늘의 한 문장
I'm really excited and looking forward to it.
정말 설레고 기대가 됩니다.

Unit 34 New Year's Resolutions 새해 결심

 Have you thought about your New Year's resolutions yet?

Yeah, I'm planning to **go on a diet** and start **intermittent fasting**.

 Cool! I've decided to lose weight too. I bought a treadmill to run every morning.

Consistency is key! And how about your diet? It's crucial for weight loss, you know.

 I don't want to be overly stressed about food, but I plan to **cut down on** carbs and sugar.

That's good. I'm going to reduce junk food and increase my protein intake.

 That's a solid plan! How about we check in weekly to **stay on track**?

Perfect! I hope we hit our target weight soon!

New Year's resolution 새해 다짐, 결심 **lose weight** 살을 빼다 **treadmill** 러닝머신 **consistency** 일관성, 꾸준함 **diet** 식단 **crucial** 중요한 **carbs** 탄수화물 **reduce** 줄이다 **increase** 증가시키다 **intake** 섭취

KEY EXPRESSIONS

1. go on a diet

diet는 '식단'의 의미로 주로 사용하며, '다이어트를 하다'라는 의미로 쓸 때는 'go on a diet'라고 말합니다.

I noticed my clothes are getting tighter. I'm **going on a diet**.
옷이 작아진 것 같아. 나 다이어트 할 거야.

2. intermittent fasting

'계속되지 않고, 일정한 간격을 두고 발생하는'을 뜻하는 intermittent와 '단식'을 뜻하는 fasting이 결합되어 '간헐적 단식'을 나타내는 표현입니다.

I've been so busy lately that I unintentionally ended up practicing **intermittent fasting**.
요즘 너무 바빠져서 나도 모르게 간헐적 단식을 하고 있더라.

3. cut down on ~

'줄이다'라는 의미로, 특정 물건이나 활동을 이전보다 덜 하거나 사용하는 것을 가리킵니다. 주로 과하면 안 좋은 식습관이나 소비 습관 등을 개선할 때 사용됩니다.

She decided to **cut down on** her spending to save up.
그녀는 돈을 모으려고 지출을 줄이기로 결심했다.

4. stay on track

'궤도에 머물다'라는 뜻으로, 비유적으로 '계획에서 벗어나지 않다', '목표를 향해 흔들림 없이 나아가다'를 의미합니다.

You're doing great - just **stay on track** and don't give up!
정말 잘 하고 있어. 그대로 꾸준히 하고 포기하지 마!

해석

A 새해 목표는 생각해 봤어?
B 응, 다이어트랑 간헐적 단식을 시작할 계획이야.
A 멋지다! 나도 체중을 감량하기로 결심했어. 매일 아침에 뛰려고 러닝머신도 샀어.
B 꾸준함이 핵심이지! 그리고 식단은? 알다시피 체중 감량에 정말 중요하잖아.
A 음식 때문에 너무 스트레스 받고 싶진 않은데, 탄수화물이랑 설탕은 줄일 계획이야.
B 좋네. 나는 정크 푸드를 줄이고 단백질 섭취를 늘릴 거야.
A 훌륭한 계획이야! 우리 일주일에 한 번씩 서로 진행 상황을 확인하는 거 어때?
B 완벽해! 각자 목표 체중에 빨리 도달했으면 좋겠다!

ROLE-PLAY TRAINING

먼저 B가 되어 대화해 보세요.

A Have you thought about your New Year's resolutions yet?

B **응, 다이어트랑 간헐적 단식을 시작할 계획이야.**

A Cool! I've decided to lose weight too. I bought a treadmill to run every morning.

B **꾸준함이 핵심이지! 그리고 식단은? 알다시피 체중 감량에 정말 중요하잖아.**

A I don't want to be overly stressed about food, but I plan to cut down on carbs and sugar.

B **좋네. 나는 정크 푸드를 줄이고 단백질 섭취를 늘릴 거야.**

A That's a solid plan! How about we check in weekly to stay on track?

B **완벽해! 각자 목표 체중에 빨리 도달했으면 좋겠다!**

발음 tip

1. carb(s)는 carbohydrate(s)의 줄임말로, 구어체에서 주로 사용합니다. /kɑːrb/[카아브]처럼 약간 길게 발음해 주세요.
2. intermittent/ˌɪntərˈmɪtənt/는 3음절 강세로, [인터밑턴ㅌ]처럼 발음합니다.

앞에서 배운 대화문의 상대방이 되어 직접 말해 보세요.

이번에는 A가 되어 대화해 보세요.

A 새해 목표는 생각해 봤어?

B Yeah, I'm planning to go on a diet and start intermittent fasting.

A 멋지다! 나도 체중을 감량하기로 결심했어. 매일 아침에 뛰려고 러닝머신도 샀어.

B Consistency is key! And how about your diet? It's crucial for weight loss, you know.

A 음식 때문에 너무 스트레스 받고 싶진 않은데, 탄수화물이랑 설탕은 줄일 계획이야.

B That's good. I'm going to reduce junk food and increase my protein intake.

A 훌륭한 계획이야! 우리 일주일에 한 번씩 서로 진행 상황을 확인하는 거 어때?

B Perfect! I hope we hit our target weight soon!

> **오늘의 한 문장**
> **I plan to cut down on carbs and sugar.**
> 탄수화물이랑 설탕을 줄일 계획이야.

Unit 35 Getting a Haircut 머리 자르기

 I'm not sure if my hair looks okay. What do you think?

Oh, did you get a haircut?

 Yeah, I just wanted to **trim** about 5cm, but the stylist cut off nearly 15cm, and it was completely **uneven**!

That's awful! Did you say anything?

 No, I just paid and left. I was so upset I went straight to another salon to get it fixed.

Were they able to fix it?

 Kind of. It looks better, but I still miss my long hair.

Think of it as a chance to **try out** a new style. Plus, shorter hair is quicker to wash!

 True. I think it'll **grow on** me.

---

cut off 잘라 버리다   **awful** 끔찍한   **upset** 속상한   **go straight to** 곧장 ~로 가다
salon 미용실

KEY EXPRESSIONS

1. trim

불필요한 부분을 '깔끔하게 다듬다, 자르다, 정리하다'를 뜻합니다. 미용뿐만 아니라 식물 관리, 영상 편집, 옷 디자인, 요리 등 다양한 분야에서 쓰일 수 있습니다.

Could you trim my bangs a little?
저 앞머리를 조금만 다듬어 주시겠어요?

2. uneven

'평평한', '고른'이라는 뜻의 even의 반대 표현인 uneven은 표면, 나눔의 분포, 수적인 균형, 심리 상태 등에 쓸 수 있습니다. '고르지 않은', '들쑥날쑥한'을 의미합니다.

Be careful walking on the uneven road.
울퉁불퉁한 길을 걸을 때 조심해.

3. try out

'try out'은 '시험 삼아 해 보다', '테스트하다'라는 뜻의 구동사로, 단순히 try보다 과정에 초점을 둔 표현입니다. 어떤 것의 효과나 성능을 테스트할 때 사용됩니다.

I'm thinking of trying out a new route on my way home today.
오늘 집에 가는 길에 새로운 길을 시도해 볼까 생각 중이야.

4. grow on+사람

처음엔 그렇지 않았지만, '갈수록 ~의 마음에 들다, 좋아지다'라는 표현입니다. 무언가가 점점 내 마음에 드는 중이라고 표현하려면 "It's growing on me."라고 합니다.

I wasn't sure about the new job at first, but now, it is growing on me.
새 일자리가 처음엔 그저 그랬는데, 점점 마음에 들어 가고 있어.

A 내 머리가 괜찮아 보이는지 모르겠어. 어떤 것 같아?
B 오, 머리 자른 거야?
A 응, 난 5센티만 다듬길 원했는데, 디자이너가 거의 15센티나 잘라 버린 데다, 양쪽이 완전 짝짝이였어!
B 끔찍한데! 뭐라고 말 좀 했어?
A 아니, 그냥 돈 내고 나왔어. 너무 속상해서 수습하려고 바로 다른 미용실에 갔지.
B 거기서 수습할 수 있었어?
A 약간은. 더 나아 보이긴 하는데, 긴 머리가 그립긴 해.
B 새로운 스타일을 시도해 볼 기회라고 생각해 봐. 게다가 짧은 머리는 더 빨리 감을 수 있잖아!
A 맞아. 점점 마음에 들 거라고 생각해.

ROLE-PLAY TRAINING

먼저 B가 되어 대화해 보세요.

A I'm not sure if my hair looks okay. What do you think?

B 오, 머리 자른 거야?

A Yeah, I just wanted to trim about 5cm, but the stylist cut off nearly 15cm, and it was completely uneven!

B 끔찍한데! 뭐라고 말 좀 했어?

A No, I just paid and left. I was so upset I went straight to another salon to get it fixed.

B 거기서 수습할 수 있었어?

A Kind of. It looks better, but I still miss my long hair.

B 새로운 스타일을 시도해 볼 기회라고 생각해 봐. 게다가 짧은 머리는 더 빨리 감을 수 있잖아!

A True. I think it'll grow on me.

1. trim처럼 [tr-]로 시작하는 단어는 [트르]보다는 [츄르]에 가깝게 발음하는 것이 자연스럽습니다. [츄륌]이라고 소리냅니다.
2. salon/səlɑːn/은 미국식은 2음절 장음으로 [쌀런-]에 가깝게 발음합니다. 쌀롱(x)

앞에서 배운 대화문의 상대방이 되어 직접 말해 보세요.

이번에는 A가 되어 대화해 보세요.

A 내 머리가 괜찮아 보이는지 모르겠어. 어떤 것 같아?

B Oh, did you get a haircut?

A 응, 난 5센티만 다듬길 원했는데, 디자이너가 거의 15센티나 잘라 버린 데다, 양쪽이 완전 짝짝이였어!

B That's awful! Did you say anything?

A 아니, 그냥 돈 내고 나왔어. 너무 속상해서 수습하려고 바로 다른 미용실에 갔지.

B Were they able to fix it?

A 약간은. 더 나아 보이긴 하는데, 긴 머리가 그립긴 해.

B Think of it as a chance to try out a new style. Plus, shorter hair is quicker to wash!

A 맞아. 점점 마음에 들 거라고 생각해.

오늘의 한 문장

I think it'll grow on me.
점점 내 마음에 들 거라고 생각해.

Unit 36 Crowded Commute 붐비는 통근길

 I can't stand the morning commute on line 9 anymore. It's so **cramped** and stressful!

Bummer. Why not drive instead? It could take longer, but at least you can sit.

 Drive? The traffic is a disaster! It takes an hour and a half to go 14 kilometers.

Wow, I didn't realize it was that bad.

 Plus, there's nowhere to park near my office.

Have you tried leaving earlier to **beat the rush**?

 I thought about that, but then I have to leave home at **5ish**, and I hate waking up that early.

Well, that sounds like **a no-win situation**.

 Maybe I should look for a job where I can work from home.

---

commute 출근, 통근 **disaster** 재난, 불행 **look for** 찾다 **work from home** 재택근무하다

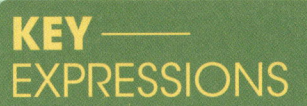

1. cramped

'비좁은', '답답한'이라는 의미로, 주로 공간이 좁아서 움직이기 불편한 상태를 묘사하지만 시간이나 자원, 예산의 부족으로 인한 압박감을 표현할 때도 사용할 수 있습니다.

The office feels **cramped** with all these new desks.
새 책상들이 들어오니 사무실이 비좁게 느껴지네.

2. beat the rush

여기서 beat는 '피하다', rush는 '혼잡', '북적거림'이라는 의미로, 'beat the rush'는 '혼잡을 피하다'라는 표현입니다. 특정 시간대의 혼잡을 피하려는 상황에서 사용할 수 있습니다.

Let's leave early to **beat the rush** at the grocery store.
마트의 붐비는 시간을 피하려면 일찍 출발하자.

3. -ish

5ish처럼 시간 뒤에 -ish를 붙이면 '~시쯤'과 같은 느낌으로, 사전적 표현은 아니지만 일상 구어체에서 많이 사용합니다.

I'll meet you around **10ish** tomorrow.
내일 열 시 정도에 만나자.

4. a no-win situation

'no-win situation'은 어떻게 해도 '이길 수 없는 상황', 즉 어떻게 선택해도 모두 불리한 '진퇴양난'을 나타냅니다. 서로에게 득이 되는 'win-win situation'의 반대 표현입니다.

If I tell the truth, she'll be upset, but if I lie, she'll find out later. It's **a no-win situation**.
사실을 말하면 그녀가 속상해 할 거고, 거짓말을 하면 나중에 들통날 거야. 진퇴양난이네.

해석

A 아침 출근길의 9호선은 더 이상 못 견디겠어. 너무 답답하고 스트레스를 줘!
B 저런. 그냥 운전해서 다니면 어때? 시간이 더 걸릴 수는 있지만, 적어도 앉아서 갈 수 있잖아.
A 운전? 교통이 엉망인걸! 14킬로를 가는 데 한 시간 반이 걸려.
B 와, 그렇게 심각한 줄 몰랐네.
A 게다가 사무실 근처에 주차할 데도 없어.
B 혼잡을 피할 수 있게 더 일찍 출발해 봤어?
A 그것도 생각해 봤는데, 그러려면 새벽 5시쯤 집을 나서야 되고, 그렇게 일찍 일어나는 건 너무 싫어.
B 음, 답이 없는 상황 같네.
A 재택근무를 할 수 있는 직장을 찾아야 할까 봐.

ROLE-PLAY TRAINING

먼저 B가 되어 대화해 보세요.

A I can't stand the morning commute on line 9 anymore. It's so cramped and stressful!

B **저런. 그냥 운전해서 다니면 어때? 시간이 더 걸릴 수는 있지만, 적어도 앉아서 갈 수 있잖아.**

A Drive? The traffic is a disaster! It takes an hour and a half to go 14 kilometers.

B **와, 그렇게 심각한 줄 몰랐네.**

A Plus, there's nowhere to park near my office.

B **혼잡을 피할 수 있게 더 일찍 출발해 봤어?**

A I thought about that, but then I have to leave home at 5ish, and I hate waking up that early.

B **음, 답이 없는 상황 같네.**

A Maybe I should look for a job where I can work from home.

---

1. commute/kəˈmjuːt/는 동사, 명사일 때 모두 2음절 강세+장음으로 [mute]의 음가를 높고 길게 [커뮤-ㅌ]처럼 발음합니다.
2. kilometer/kɪˈlɑːmɪtər/는 2음절 강세+장음으로 [lo]의 음가를 길고 높게 [킬라-미러]에 가깝게 발음합니다. 영국식은 1음절 강세도 허용합니다.

앞에서 배운 대화문의 상대방이 되어 직접 말해 보세요.

이번에는 A가 되어 대화해 보세요.

A 아침 출근길의 9호선은 더 이상 못 견디겠어. 너무 답답하고 스트레스를 줘!

B Bummer. Why not drive instead? It could take longer, but at least you can sit.

A 운전? 교통이 엉망인걸! 14킬로를 가는 데 한 시간 반이 걸려.

B Wow, I didn't realize it was that bad.

A 게다가 사무실 근처에 주차할 데도 없어.

B Have you tried leaving earlier to beat the rush?

A 그것도 생각해 봤는데, 그러려면 새벽 5시쯤 집을 나서야 되고, 그렇게 일찍 일어나는 건 너무 싫어.

B Well, that sounds like a no-win situation.

A 재택근무를 할 수 있는 직장을 찾아야 할까 봐.

오늘의 한 문장
That sounds like a no-win situation.
답이 없는 상황 같네.

Unit 37   Lunch Menu 점심 메뉴

 How about Malatang for lunch today? Do you like it?

Actually, I've never tried it since **I'm not good with** spicy food…

 They can make it less spicy for you. I can't eat very spicy food, either.

I'll **give it a shot** then. By the way, is there a Malatang place near the office?

 Yeah, there's a new place just across the street.

Oh, the one that was under interior construction until recently?

 Yeah. I went there yesterday, and it was pretty good. Let's go there.

You're having Malatang two days **in a row**? You're so into it!

 I **can't get enough of** it. Let's head out for lunch early today.

---

under ~중인   construction 공사   head out 출발하다

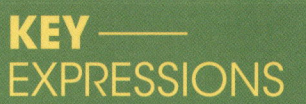

1. be not good with

'서툴다', '잘 못하다'라는 의미로, 재능, 감정 관리, 대인 관계 등에 대해 폭 넓게 비격식적으로 사용합니다.

I'**m not good with** plants – I even killed a cactus because I forgot it existed.

난 식물을 잘 못 다뤄. 심지어 선인장의 존재를 까먹어서 죽게 둔 적도 있지.

2. give it a shot

여기서 shot은 '시도'라는 뜻으로, 'give it a shot'은 '시도해 보다', '한번 해 보다'라는 의미입니다. 명령문으로 쓰이면 강요 없는 격려의 느낌을 줍니다.

You don't know if you can do it unless you **give it a shot**.

네가 할 수 있을지 시도해 보지 않으면 알 수가 없어.

3. in a row

'in a row'는 '한 줄로', '일렬로'라는 물리적인 의미를 가지고 있는데, 시간이나 횟수를 가리키는 표현 뒤에 사용되면 '~동안 연속으로, 잇달아'의 의미가 됩니다.

We won three games **in a row**.

우리는 세 경기를 연속으로 이겼다.

4. can't get enough of ~

직역하면 무언가를 '충분히 얻을 수가 없다'라는 뜻으로, '아무리 해도 질리지 않는다', '너무 좋아서 끝없이 더 원하다'라는 말입니다. 대상은 사람, 물건, 행동 등이 될 수 있습니다.

I **can't get enough of** traveling. There's always something new.

여행은 아무리 해도 질리지 않아. 항상 새로운 게 있거든.

A 오늘 점심으로 마라탕 어때? 좋아해?
B 사실 나 매운 걸 잘 못 먹어서 한 번도 안 먹어 봤어…
A 덜 맵게 해 달라고 할 수 있어. 나도 매운 음식 잘 못 먹어.
B 그럼 한번 시도해 봐야지. 근데, 사무실 근처에 마라탕 식당이 있나?
A 응, 바로 길 건너에 새로 생긴 곳이 있어.
B 아, 얼마 전까지 인테리어 공사하던 거기?
A 응. 어제 가 봤는데 꽤 맛있었어. 거기로 가자.
B 너 마라탕을 이틀 연속으로 먹는 거야? 엄청 좋아하는구나!
A 없어서 못 먹지. 오늘은 점심 먹으러 일찍 나가자.

ROLE-PLAY TRAINING

먼저 B가 되어 대화해 보세요.

A How about Malatang for lunch today? Do you like it?

B **사실 나 매운 걸 잘 못 먹어서 한 번도 안 먹어 봤어...**

A They can make it less spicy for you. I can't eat very spicy food, either.

B **그럼 한번 시도해 봐야지. 근데, 사무실 근처에 마라탕 식당이 있나?**

A Yeah, there's a new place just across the street.

 B **아, 얼마 전까지 인테리어 공사하던 거기?**

A Yeah. I went there yesterday, and it was pretty good. Let's go there.

 B **너 마라탕을 이틀 연속으로 먹는 거야? 엄청 좋아하는구나!**

A I can't get enough of it. Let's head out for lunch early today.

1. either는 1음절 강세로 /iːðər/[이-더] 또는 /aɪðər/[아이더]처럼 발음 가능합니다.
2. 'went there'는 연음 시 t와 t가 만나 [웬떼얼]처럼 세게 발음됩니다. 웬데어(x)

앞에서 배운 대화문의 상대방이 되어 직접 말해 보세요.

이번에는 A가 되어 대화해 보세요.

A 오늘 점심으로 마라탕 어때? 좋아해?

B Actually, I've never tried it since I'm not good with spicy food...

A 덜 맵게 해 달라고 할 수 있어. 나도 매운 음식 잘 못 먹어.

B I'll give it a shot then. By the way, is there a Malatang place near the office?

A 응, 바로 길 건너에 새로 생긴 곳이 있어.

B Oh, the one that was under interior construction until recently?

A 응. 어제 가 봤는데 꽤 맛있었어. 거기로 가자.

B You're having Malatang two days in a row? You're so into it!

A 없어서 못 먹지. 오늘은 점심 먹으러 일찍 나가자.

오늘의 한 문장

I can't get enough of it.
없어서 못 먹어.

Unit 38 The Minimalist's Choice
미니멀리스트의 선택

 So, this is your new place! It's very clean... **Way too** clean!

 Yeah, I got rid of most of my stuff before moving.

 Wow, you've only got a foldable table in the living room? There's not even a sofa!

 Yep. I realized I can live without them.

 I didn't know you'd become a minimalist. I thought you were **more of a** maximalist.

 I used to be. But once I started owning less, the things I own brought me more joy.

 Really? What about all those things **jammed** in the **utility room**?

 Well, I'm keeping them in case I go back to my original lifestyle. You know, just in case.

 I knew it!

get rid of 없애다, 제거하다 **foldable** 접을 수 있는 **minimalist** 미니멀리스트 **maximalist** 맥시멀리스트

KEY EXPRESSIONS

1. way too+형용사

형용사 앞에 쓰여 '해도 해도 너무 ~한', '지나치게 ~한'이라는 의미입니다. too나 way만 쓸 때보다 과도함을 더 강조하고 싶을 때 사용합니다.

The coffee is way too hot. May I get some ice, please?
커피가 뜨거워도 너무 뜨겁네요. 얼음 좀 주실 수 있나요?

2. more of a ~

'more of a ~'는 두 가지 선택지 중 '~에 더 가까운 편'이라는 표현으로, 뒤에는 명사가 오며, 비교 대상이 직관적으로 연관성이 있어야 자연스럽습니다.

I'm more of a morning person than a night owl.
나는 야행성보다는 아침형 인간에 가까워.

3. jammed

'움직이지 못할 정도로 꽉 차거나 막힌 상태'를 가리킵니다. 부품의 문제로 기계가 멈춘 상태, 차나 사람이 너무 많아 혼잡한 상태, 시간이 꽉 차 여유가 없는 상태에도 쓰입니다.

The printer is jammed again with paper.
프린터에 또 종이가 걸려서 멈췄어.

4. utility room

'다용도실'을 의미합니다. 미국에서는 세탁실에 수납을 하는 경우가 많아 'laundry room'이 거의 같은 의미로 쓰입니다.

We installed extra shelves in the utility room.
우리는 다용도실에 선반을 추가로 설치했다.

A 여기가 네 새 집이구나! 아주 깨끗하네... 심하게 깨끗한데!
B 응, 이사하기 전에 대부분의 물건을 버렸어.
A 와, 거실에는 접이식 테이블만 둔 거야? 심지어 소파도 없네!
B 응. 그거 없이도 살 수 있다는 걸 깨달았거든.
A 네가 미니멀리스트가 될 줄은 몰랐어. 넌 맥시멀리스트에 더 가깝다고 생각했는데.
B 그랬었지. 근데 덜 소유하기 시작하니까, 내가 소유한 것들이 더 큰 기쁨을 주더라고.
A 정말? 다용도실에 빽빽하게 차 있는 저 물건들은 다 뭔데?
B 뭐, 혹시나 원래 생활 방식으로 돌아갈 때를 대비해서 보관 중이야. 혹시 모르잖아.
A 그럴 줄 알았다!

ROLE-PLAY TRAINING

먼저 B가 되어 대화해 보세요.

A   So, this is your new place! It's very clean… Way too clean!

B   **응, 이사하기 전에 대부분의 물건을 버렸어.**

A   Wow, you've only got a foldable table in the living room? There's not even a sofa!

B   **응. 그거 없이도 살 수 있다는 걸 깨달았거든.**

A   I didn't know you'd become a minimalist. I thought you were more of a maximalist.

B   **그랬었지. 근데 덜 소유하기 시작하니까, 내가 소유한 것들이 더 큰 기쁨을 주더라고.**

A   Really? What about all those things jammed in the utility room?

B   **뭐, 혹시나 원래 생활 방식으로 돌아갈 때를 대비해서 보관 중이야. 혹시 모르잖아.**

A   I knew it!

발음 tip

1   utility /juːˈtɪləti/는 1음절 장음, 2음절 강세로 [til]의 음가를 높여 [유-틸러리] 또는 [유-틸러티]처럼 발음합니다.
2   realize /ˈriːəlaɪz/는 1음절 강세+장음으로 [뤼-얼라이ㅈ]처럼 발음합니다.

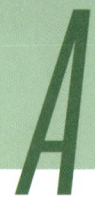

이번에는 A가 되어 대화해 보세요.

A 여기가 네 새 집이구나! 아주 깨끗하네... 심하게 깨끗한데!

B Yeah, I got rid of most of my stuff before moving.

A 와, 거실에는 접이식 테이블만 둔 거야? 심지어 소파도 없네!

B Yep. I realized I can live without them.

A 네가 미니멀리스트가 될 줄은 몰랐어. 넌 맥시멀리스트에 더 가깝다고 생각했는데.

B I used to be. But once I started owning less, the things I own brought me more joy.

A 정말? 다용도실에 빽빽하게 차 있는 저 물건들은 다 뭔데?

B Well, I'm keeping them in case I go back to my original lifestyle. You know, just in case.

A 그럴 줄 알았다!

오늘의 한 문장

I got rid of most of my stuff before moving.
난 이사하기 전에 대부분의 물건을 버렸어.

Unit 39 Improving Memory 기억력 향상시키기

 Oh man, I can't find my phone again. It was just here!

 Umm, I can see that it's in the back pocket of your jeans…

 Oh my goodness, I can't believe it! I've been so forgetful lately.

 Hey, **don't be so hard on yourself.** It's been so hectic for you lately.

 Still, I'm a bit worried about my memory.

 Here's an article with tips to improve your memory. It says get enough sleep, manage stress, and laugh.

 Got it. From now on, I**'ve got to** sleep more, work less, and **hang out** with my funny friends.

 And that **counts** me **in**, right?

---

forgetful 잘 잊어버리는 **hectic** 정신없이 바쁜, 몹시 분주한 **article** 기사
manage 관리하다 **from now on** 지금부터

KEY EXPRESSIONS

1. Don't be so hard on yourself.

'be hard on+사람'은 '~에게 가혹하다'라는 뜻을 갖고 있어, 대화문 속 문장은 스스로에게 가혹하게 굴지 말라, 곧 "자책하지 마.", "너무 스트레스 받지 마."를 뜻합니다.

Everyone makes mistakes, so don't be so hard on yourself.
누구나 실수는 하는 거니까 너무 자책하지 마.

2. have got to+동사

'~해야 하다'를 뜻합니다. 의미상 'have to'와 같지만 'have got to'가 비격식 구어체에서 더 자주 사용됩니다. 대화체에서는 'have gotta', 혹은 더욱 줄인 'gotta'로 쓰이기도 합니다.

We've got to leave now if we want to catch the train.
기차를 타려면 우린 지금 떠나야만 해.

3. hang out

친한 사람들과 특별한 목적 없이 어울려 시간을 보내는 것을 의미하는 구동사로, 캐주얼한 대화에서 자주 사용됩니다. 과거시제는 'hung out'입니다.

Let's hang out at the park this afternoon.
오늘 오후엔 공원에서 좀 놀자.

4. count+사람+in

여기서는 count가 '포함하다'라는 뜻으로 쓰여, 모임이나 활동에 '~를 끼워 주다'를 의미합니다. "Count me in."이라고 하면 "나도 끼워 줘.", "나도 같이 할래."가 됩니다.

We're planning a surprise party for Jenny. Can we count you in?
우린 제니를 위해 깜짝 파티를 준비 중이야. 너도 함께 할래?

해석

A 오 이런, 또 내 폰을 못 찾겠어. 방금 여기 있었는데!
B 음, 네 청바지 뒷주머니에 있는 게 보이는데…
A 아이고, 이럴 수가! 요즘 나 너무 잘 잊어버리네.
B 에이, 너무 자책하지 마. 너 요즘 정신 없이 바빴잖아.
A 그래도, 내 기억력이 약간 걱정돼.
B 여기 기억력 향상에 도움 되는 팁이 있는 기사가 있네. 잠을 충분히 자고, 스트레스를 관리하고, 웃으래.
A 알겠어. 이제부터 더 자고, 덜 일하고, 웃긴 친구들이랑 놀아야겠다.
B 그럼 날 포함하는 거네, 그치?

ROLE-PLAY TRAINING

먼저 B가 되어 대화해 보세요.

A Oh man, I can't find my phone again. It was just here!

B **음, 네 청바지 뒷주머니에 있는 게 보이는데...**

A Oh my goodness, I can't believe it! I've been so forgetful lately.

B **에이, 너무 자책하지 마. 너 요즘 정신 없이 바빴잖아.**

A Still, I'm a bit worried about my memory.

B **여기 기억력 향상에 도움 되는 팁이 있는 기사가 있네. 잠을 충분히 자고, 스트레스를 관리하고, 웃으래.**

A Got it. From now on, I've got to sleep more, work less, and hang out with my funny friends.

B **그럼 날 포함하는 거네, 그치?**

발음 tip

1. forgetful/fərˈgetfl/은 2음절 강세로 [get]의 음가를 높여 [포곝플]에 가깝게 발음합니다.
2. lately/ˈleɪtli/는 1음절 강세로 [레잍틀리] 또는 [레잍을리]처럼 발음합니다. 이때 [틀]이나 [을]은 약하게 소리 냅니다.

이번에는 A가 되어 대화해 보세요.

A 오 이런, 또 내 폰을 못 찾겠어. 방금 여기 있었는데!

B Umm, I can see that it's in the back pocket of your jeans...

A 아이고, 이럴 수가! 요즘 나 너무 잘 잊어버리네.

B Hey, don't be so hard on yourself. It's been so hectic for you lately.

A 그래도, 내 기억력이 약간 걱정돼.

B Here's an article with tips to improve your memory. It says get enough sleep, manage stress, and laugh.

A 알겠어. 이제부터 더 자고, 덜 일하고, 웃긴 친구들이랑 놀아야겠다.

B And that counts me in, right?

오늘의 한 문장

Don't be so hard on yourself.
너무 자책하지 마.

Unit 40 Temple Stay 템플 스테이

I tried to **reach** you over the weekend, but your phone was off. Is everything okay?

Oh, I went on a Temple Stay and turned off my phone to focus on the program.

Wow, that's a total digital detox! So, how was it?

It was amazing. The meditation was calming, and having tea with a monk was **therapeutic**.

I'd like to try that someday. It's not too religious, is it?

Not at all. It's more about finding inner peace and **stepping away from** the daily rush.

That sounds like exactly what I need! By the way, how was the food?

I thought I'd miss meat, but every meal **was way better than I expected**.

---

turn off 끄다 **detox** 해독 **meditation** 명상 **monk** 스님, 승려 **religious** 종교적인 **inner peace** 내면의 평화 **rush** 분주함, 바쁨

KEY EXPRESSIONS

1. reach

reach는 '닿다', '도착하다'라는 의미로, 목적어가 사람일 때는 '연락하다', '만나다'의 뜻이 됩니다. 도움을 청할 때처럼 보다 적극적인 연락 시도는 'reach out to ~'를 사용합니다.

He finally reached me through email after a week.
그는 일주일 후에야 마침내 이메일로 나에게 연락했어.

2. therapeutic

치료를 뜻하는 therapy의 형용사형으로, '치료적인', '낫게 하는', '마음을 편하게 하는' 등 물리적, 심리적 치료 효과가 있는 물질이나 활동을 묘사할 때 사용합니다.

I find a walk in nature so therapeutic.
난 자연 속에서 걷는 것이 매우 치유적이라고 느껴.

3. step away from ~

'물러나다', '거리를 두다'를 뜻합니다. 물리적인 거리뿐 아니라, 대화문에서처럼 특정 상황, 활동, 사람과 감정적, 의도적으로 멀리하는 행동을 묘사할 때도 사용합니다.

I had to step away from work for a while to focus on my mental health.
정신 건강에 집중하기 위해 잠시 일을 내려놓아야 했어.

4. ~ was (way) better than I expected

'내가 기대했던 것보다 (훨씬) 나았다'라는 의미입니다. 이 표현에서의 way는 much로 대체 가능한 구어적 강조 표현입니다.

My first day at the new school was better than I expected.
새 학교에서의 첫날은 예상보다 좋았어.

A 주말 동안 너한테 연락하려고 했는데, 전화기가 꺼져 있더라고. 괜찮은 거야?
B 아, 나 템플 스테이를 하러 갔는데 프로그램에 집중하고 싶어서 전화기를 꺼 놨거든.
A 와, 완전 디지털 디톡스네! 그래서, 어땠어?
B 정말 좋았어. 명상은 마음을 차분하게 해 줬고, 스님과 차를 마시는 것도 치유적이었어.
A 나도 언젠가 해 보고 싶다. 너무 종교적이지는 않지?
B 전혀 아니야. 내면의 평화를 찾고 일상의 분주함에서 벗어나는 것에 더 가까워.
A 딱 나한테 필요한 것처럼 들리네! 참, 음식은 어땠어?
B 고기가 그리울 줄 알았는데, 매끼가 기대 이상으로 맛있더라.

먼저 B가 되어 대화해 보세요.

A I tried to reach you over the weekend, but your phone was off. Is everything okay?

B 아, 나 템플 스테이를 하러 갔는데 프로그램에 집중하고 싶어서 전화기를 꺼 놨거든.

A Wow, that's a total digital detox! So, how was it?

B 정말 좋았어. 명상은 마음을 차분하게 해 줬고, 스님과 차를 마시는 것도 치유적이었어.

A I'd like to try that someday. It's not too religious, is it?

B 전혀 아니야. 내면의 평화를 찾고 일상의 분주함에서 벗어나는 것에 더 가까워.

A That sounds like exactly what I need! By the way, how was the food?

B 고기가 그리울 줄 알았는데, 매끼가 기대 이상으로 맛있더라.

1. 'tried to'는 연음 시 [츄롸인터]처럼 들립니다. 트라이드 투(x)
2. therapeutic/ˌθerəˈpjuːtɪk/은 3음절 강세+장음으로 [떼라퓨-릭] 또는 [떼라퓨-틱]처럼 발음합니다.

앞에서 배운 대화문의 상대방이 되어 직접 말해 보세요.

이번에는 A가 되어 대화해 보세요.

A 주말 동안 너한테 연락하려고 했는데, 전화기가 꺼져 있더라고. 괜찮은 거야?

B Oh, I went on a Temple Stay and turned off my phone to focus on the program.

A 와, 완전 디지털 디톡스네! 그래서, 어땠어?

B It was amazing. The meditation was calming, and having tea with a monk was therapeutic.

A 나도 언젠가 해 보고 싶다. 너무 종교적이지는 않지?

B Not at all. It's more about finding inner peace and stepping away from the daily rush.

A 딱 나한테 필요한 것처럼 들리네! 참, 음식은 어땠어?

B I thought I'd miss meat, but every meal was way better than I expected.

오늘의 한 문장

Every meal was way better than I expected.
매끼가 기대 이상으로 맛있더라.

Unit 41 Congrats on the Pregnancy 임신 축하

 Anne, huge **congrats on** the pregnancy! **When is the baby due?**

 Thanks! We**'re expecting** in August.

 How exciting! How have you been feeling?

 Mostly good, but I've got morning sickness. I get nauseous after meals and sometimes even throw up.

 Sorry to hear that. Can you manage work with that?

 Well, my doctor recommended more rest and less stress, so I'm cutting back on work hours.

 Good for you. Will you be taking a long maternity leave?

 I want to **take** a few months **off** to be with the baby and then decide when to go back to work.

 I see. You're going to be an amazing mom!

---

pregnancy 임신 morning sickness 입덧 nauseous 구역질나는 throw up 토하다
cut back on ~을 줄이다 maternity leave 출산 휴가, 육아 휴직

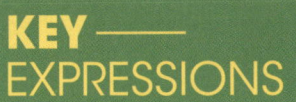

1. congrats on

'congratulations on ~(~을 축하하다)'을 캐주얼한 구어체에서는 'congrats on ~'으로 줄여서 말합니다. 더 크게 축하하는 느낌을 주려면 앞에 huge나 big을 추가할 수 있습니다.

Congrats on your acceptance to so many schools!
그렇게나 많은 학교에 합격한 거 축하해!

2. When is the baby due?

'예정된', '기한이 있는'을 의미하는 due를 사용해 "아기는 언제 출산 예정이야?"라고 묻는 표현입니다. 관용적인 표현으로, 문장 그대로 익혀 놓는 것을 추천합니다.

I heard the good news. **When is the baby due?**
좋은 소식 들었어요. 출산 예정일이 언제인가요?

3. be expecting (a baby)

'(아기를) 기다리고 있다', 즉 '임신 중이다'라는 의미로, 직접적인 pregnant(임신한)보다 부드럽고 은유적인 표현입니다. 목적어 없이 expecting만 단독으로 써도 같은 뜻입니다.

When you**'re expecting a baby**, it's natural to feel both excited and nervous.
아이를 가졌을 때 설렘과 긴장을 느끼는 건 자연스러운 일이다.

4. take+시간 표현+off

take와 off 사이에 기간이나 특정 날짜를 언급하면 '~만큼 쉬다', 즉 학교나 일처럼 정기적인 의무에서 시간을 내어 쉬는 것을 의미합니다.

I **took** a semester **off** last year for an internship.
나는 작년에 인턴십을 위해 한 학기 쉬었다.

A 앤! 임신 정말 축하해요! 출산 예정일이 언제예요?
B 고마워요! 8월이 예정이에요.
A 정말 기대되네요! 요즘 몸은 어때요?
B 대체로 괜찮은데, 입덧이 있어요. 식사 후에 메스껍고 가끔은 토하기도 해요.
A 안타까워라. 그 상태로 일할 수 있겠어요?
B 음, 의사가 더 많이 쉬고 스트레스를 줄이는 게 좋다고 해서 근무 시간을 줄이고 있어요.
A 잘됐네요. 출산 휴가는 길게 쓸 건가요?
B 2-3개월은 쉬면서 아기랑 시간을 보낸 다음 언제 복귀할지 결정하고 싶어요.
A 그렇군요. 당신은 진짜 좋은 엄마가 될 거예요!

ROLE-PLAY TRAINING

먼저 B가 되어 대화해 보세요.

A Anne, huge congrats on the pregnancy! When is the baby due?

B 고마워요! 8월이 예정이에요.

A How exciting! How have you been feeling?

B 대체로 괜찮은데, 입덧이 있어요. 식사 후에 메스껍고 가끔은 토하기도 해요.

A Sorry to hear that. Can you manage work with that?

B 음, 의사가 더 많이 쉬고 스트레스를 줄이는 게 좋다고 해서 근무 시간을 줄이고 있어요.

A Good for you. Will you be taking a long maternity leave?

B 2-3개월은 쉬면서 아기랑 시간을 보낸 다음 언제 복귀할지 결정하고 싶어요.

A I see. You're going to be an amazing mom!

1. congrats/kənˈɡræts/는 2음절 강세로 [grats]의 음가를 높여 발음하고, on과 연음 시 [컨ㄱ뤳천]처럼 들립니다.
2. month/mʌnθ/의 복수인 months는 [먼ㅆ]처럼 발음합니다. 먼씨스(X)

이번에는 A가 되어 대화해 보세요.

A 앤! 임신 정말 축하해요! 출산 예정일이 언제예요?

B Thanks! We're expecting in August.

A 정말 기대되네요! 요즘 몸은 어때요?

B Mostly good, but I've got morning sickness. I get nauseous after meals and sometimes even throw up.

A 안타까워라. 그 상태로 일할 수 있겠어요?

B Well, my doctor recommended more rest and less stress, so I'm cutting back on work hours.

A 잘됐네요. 출산 휴가는 길게 쓸 건가요?

B I want to take a few months off to be with the baby and then decide when to go back to work.

A 그렇군요. 당신은 진짜 좋은 엄마가 될 거예요!

오늘의 한 문장

When is the baby due?
출산 예정일이 언제예요?

Unit 42 After Work 퇴근 후에

Roy, we're planning to check out this newly opened bar next to our building after work. Do you want to join us?

I'd love to, but I need to go to the funeral this evening.

Oh no, whose funeral is it?

It's for an old friend's dad. I just **found out** he **passed away** yesterday.

I'm sorry to hear that. Where is the funeral?

It's at a large general hospital in Gangnam.

Are you heading there directly after work?

No, I'm going to **stop by** my place first to **change into** a black suit, then go with another friend.

I see. Take care, and let's catch up next week!

---

funeral 장례(식)   general hospital 종합 병원   catch up 따라잡다, 만나서 이야기하다

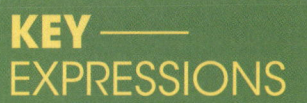

1. **find out**

'알아내다', '발견하다', '확인하다'라는 뜻의 구동사로, 의도적으로 조사하거나 우연히 알게 되는 경우 모두 사용할 수 있습니다.

I **found out** my dog has been stealing socks.
우리 강아지가 양말을 훔치고 있었다는 걸 알아냈어.

2. **pass away**

'죽다'를 완곡하게 표현하는 구동사로, 주로 슬프거나 민감한 상황에서 사용됩니다. 한국어로는 '돌아가시다', '별세하다', '타계하다' 등으로 해석할 수 있습니다.

My grandmother **passed away** peacefully last night.
우리 할머니께서는 어젯밤에 평온히 돌아가셨다.

3. **stop by**

'지나가다', '잠시 들르다'를 뜻합니다. 오래 머무르는 경우에는 어울리지 않고, 계획된 여러 일정 중간에 짧게 들르는 느낌입니다. 비슷한 표현으로 drop by가 있습니다.

I'd better **stop by** the bank during lunch.
나 점심 시간에 은행에 잠깐 들르는 게 좋겠어.

4. **change into ~**

옷을 갈아입을 때에도 쓰이지만 감정, 물리적 상태, 역할 등에 관해 '~로 바뀌다', '전환하다'라는 의미로도 씁니다. into 뒤에 갈아입을 옷이나 최종 상태가 옵니다.

Her excitement quickly **changed into** disappointment.
그녀의 설렘은 곧 실망으로 바뀌었다.

A 로이, 퇴근하고 우리 건물 옆에 새로 생긴 바에 가 보려고 해. 같이 갈래?
B 정말 그러고 싶지만, 저녁에 장례식에 가 봐야 해.
A 저런, 누구 장례식인데?
B 오랜 친구의 아버지 장례식이야. 어제 돌아가셨다는 걸 알았어.
A 안타깝다. 장례식장이 어디야?
B 강남에 있는 대형 종합 병원에 있어.
A 퇴근하고 거기로 바로 갈 거야?
B 아니, 우선 집에 들러서 검정 정장으로 갈아입고, 다른 친구랑 같이 가려고.
A 알겠어. 잘 다녀오고, 다음 주에 얘기하자!

먼저 B가 되어 대화해 보세요.

A Roy, we're planning to check out this newly opened bar next to our building after work. Do you want to join us?

B **정말 그러고 싶지만, 저녁에 장례식에 가 봐야 해.**

A Oh no, whose funeral is it?

 B **오랜 친구의 아버지 장례식이야. 어제 돌아가셨다는 걸 알았어.**

A I'm sorry to hear that. Where is the funeral?

 B **강남에 있는 대형 종합 병원에 있어.**

A Are you heading there directly after work?

 B **아니, 우선 집에 들러서 검정 정장으로 갈아입고, 다른 친구랑 같이 가려고.**

A I see. Take care, and let's catch up with you next week!

1. directly는 2음절 강세로 /dəˈrektli/ [디렉틀리] 또는 /daɪˈrektli/ [다이렉틀리]로 발음 가능합니다.
2. funeral/ˈfjuːnərəl/은 1음절 강세+장음으로 [퓨-너뤌]처럼 발음합니다.

이번에는 A가 되어 대화해 보세요.

A 로이, 퇴근하고 우리 건물 옆에 새로 생긴 바에 가 보려고 해. 같이 갈래?

B I'd love to, but I need to go to the funeral this evening.

A 저런, 누구 장례식인데?

B It's for an old friend's dad. I just found out he passed away yesterday.

A 안타깝다. 장례식장이 어디야?

B It's at a large general hospital in Gangnam.

A 퇴근하고 거기로 바로 갈 거야?

B No, I'm going to stop by my place first to change into a black suit, then go with another friend.

A 알겠어. 잘 다녀오고, 다음 주에 얘기하자!

오늘의 한 문장

I'm going to stop by my place first.
우선 집에 들를 거야.

Unit 43 Shopping for Meal Kits 밀키트 쇼핑하기

 Brian, you mentioned you use meal kits a lot, right? Can you recommend something?

 How about spicy seafood noodle soup? My favorite is by a famous Chinese **cuisine** chef.

 Oh, I thought that was only for restaurants.

 You'll be surprised! The noodles are chewy, and the soup is rich with plenty of seafood.

 Wow, **my mouth is already watering!** Isn't it super spicy, though?

 You can **choose between** mild **and** original. If you're a **spice wimp** like me, go for the mild.

 Got it. Anything else you'd recommend?

 Try the sweet and sour pork! It's easy to cook in the air fryer.

 Perfect! It's time to finally use my air fryer.

---

meal kit 밀키트   seafood 해산물   chewy 쫄깃한   sweet and sour pork 탕수육

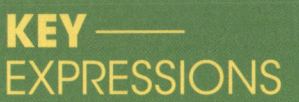

1. cuisine

'요리', '음식', '조리법' 등을 뜻합니다. 음식 자체를 뜻하는 food보다 문화적, 정체적 특성을 포함하여 더 깊은 의미를 가지며, 격식 있고 전문적인 느낌도 납니다.

Italian **cuisine** is famous for its use of fresh ingredients.
이탈리아 음식은 신선한 재료를 사용하는 것으로 유명하다.

2. My mouth is already watering!

water는 '입에 침이 고이다'라는 뜻으로, 이 문장은 "내 입에 벌써 침이 고인다."라는 말입니다. 꼭 음식이 아니어도 '기대된다', '탐난다'의 뜻을 비유적으로 나타낼 수 있습니다.

Look at the size of that steak! **My mouth is already watering.**
저 스테이크 크기 좀 봐! 입에 벌써 침이 고이는 걸.

3. choose between A and B

'A와 B 중에서 선택하다'로, 둘 중 하나를 고르는 상황에서 사용됩니다. 선택지가 둘일 때는 choose 뒤에 between을, 셋 이상일 땐 among을 씁니다.

We need to **choose between** going bowling **and** playing a board game.
우리 볼링 치러 갈지 보드게임 할지 둘 중에 골라야 해.

4. spice wimp

'겁쟁이', '약골'을 뜻하는 wimp를 포함해 매운 음식을 잘 못 먹거나 피하려는 사람을 유머러스하게 일컫는 '맵찔이'와 비슷한 표현입니다.

I'm such a **spice wimp** — I can't even handle mild salsa.
난 완전 맵찔이라 순한 맛 살사도 못 견디겠어.

A 브라이언, 밀키트 많이 사용한다고 했었지? 추천 좀 해 줄 수 있어?
B 짬뽕 어때? 내가 제일 좋아하는 건 유명한 중식 셰프가 만든 거야.
A 오, 그건 식당에서만 가능한 거라고 생각했는데.
B 놀랄걸? 면은 쫄깃하고, 국물은 해산물이 풍부하면서 진하거든.
A 와, 벌써 군침 돈다! 근데 너무 맵지는 않아?
B 순한 맛이랑 오리지널 중에서 고를 수 있어. 나처럼 맵찔이라면 순한 맛으로 해.
A 알겠어. 또 추천할 거 있어?
B 탕수육도 해 봐! 에어프라이어로 쉽게 조리할 수 있어.
A 완벽하네! 드디어 내 에어프라이어를 쓸 때가 왔어.

ROLE-PLAY TRAINING

먼저 B가 되어 대화해 보세요.

A: Brian, you mentioned you use meal kits a lot, right? Can you recommend something?

B: **짬뽕 어때? 내가 제일 좋아하는 건 유명한 중식 셰프가 만든 거야.**

A: Oh, I thought that was only for restaurants.

B: **놀랄걸? 면은 쫄깃하고, 국물은 해산물이 풍부하면서 진하거든.**

A: Wow, my mouth is already watering! Isn't it super spicy, though?

B: **순한 맛이랑 오리지널 중에서 고를 수 있어. 나처럼 맵찔이라면 순한 맛으로 해.**

A: Got it. Anything else you'd recommend?

B: **탕수육도 해 봐! 에어프라이어로 쉽게 조리할 수 있어.**

A: Perfect! It's time to finally use my air fryer.

발음 tip

1. meal/miːl/ 은 장음으로 [미을]처럼 너무 빠르지 않게 발음합니다.
2. cuisine/kwɪˈziːn/은 2음절 강세+장음으로 [퀴진-]에 가깝게 발음합니다.

앞에서 배운 대화문의 상대방이 되어 직접 말해 보세요.

이번에는 A가 되어 대화해 보세요.

A 브라이언, 밀키트 많이 사용한다고 했었지? 추천 좀 해 줄 수 있어?

B How about spicy seafood noodle soup? My favorite is by a famous Chinese cuisine chef.

A 오, 그건 식당에서만 가능한 거라고 생각했는데.

B You'll be surprised! The noodles are chewy, and the soup is rich with plenty of seafood.

A 와, 벌써 군침 돈다! 근데 너무 맵지는 않아?

B You can choose between mild and original. If you're a spice wimp like me, go for the mild.

A 알겠어. 또 추천할 거 있어?

B Try the sweet and sour pork! It's easy to cook in the air fryer.

A 완벽하네! 드디어 내 에어프라이어를 쓸 때가 왔어.

오늘의 한 문장

My mouth is already watering!
벌써 군침 돈다!

Unit 44 Name Change 개명

 My sister finally decided on her baby's name.

That's great! Choosing a name is **such a big deal**.

 Absolutely. **Speaking of which**, I used to have a different name when I was little.

Really? So, you got a name change?

 Yeah. My dad thought my current name would suit me better **in the long run**, so he got it changed legally.

Didn't people around you get confused?

 Of course they did. All my friends and relatives kept calling me by my old name for a while.

Old habits die hard!

 Right. At first, it was a bit awkward for me, too. But eventually, we all got used to it.

name change 개명 current 현재의 legally 법적으로 get confused 헷갈려 하다
relative 친척 awkward 어색한

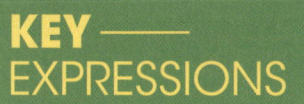

1. such a big deal

사안, 사건, 또는 대상이 '중요한 것', '대단한 것', 또는 '큰일'이라는 의미로 사용됩니다. 반대말로는 'no big deal', 'not a big deal'을 씁니다.

Getting this promotion is **such a big deal** for my career.
이번 승진은 내 커리어에 있어서 정말 중요한 일이야.

2. speaking of which

말하던 주제를 확장하거나, 관련은 있지만 약간 결이 다른 이야기로 넘어갈 때 '그 말이 나와서 말인데'라는 의미로, 구어체에서만 쓰는 표현입니다.

I heard John is getting married next month. **Speaking of which**, are you seeing anyone?
존이 다음 달에 결혼한다더라. 말이 나와서 말인데, 넌 만나는 사람이 있어?

3. in the long run

'결국에는', '장기적으로 보면', '시간이 지나면'이라는 뜻입니다. 반대말로 'in the short run'이나 'in the near future'을 씁니다.

Investing in quality materials will save money **in the long run**.
좋은 재료에 투자하는 것이 장기적으로는 돈을 아낄 것이다.

4. Old habits die hard!

"오래된 습관은 쉽게 사라지지 않는다."라는 뜻입니다. 주로 부정적인 습관에 대해 사용되고, 특정 행동이 자동적으로 반복되어 멈추기 어려울 때도 쓸 수 있습니다.

Even after retiring, she still wakes up at 6AM. **Old habits die hard.** 은퇴했는데도 그녀는 여전히 아침 6시에 일어나. 오래된 습관은 쉽게 바뀌지 않지.

A 언니가 드디어 아기 이름을 정했어.
B 잘됐다! 이름 정하는 건 정말 중요한 일이잖아.
A 정말 그렇지. 말이 나왔으니 말인데, 나 어릴 땐 다른 이름이었어.
B 진짜? 그럼 개명한 거야?
A 응. 아빠가 현재의 내 이름이 길게 보면 더 잘 어울릴 거라고 생각하셔서 법적으로 바꿔 주셨어.
B 주변 사람들이 헷갈려 하지 않았어?
A 당연히 그랬지. 내 친구들이랑 친척들 모두 한동안 계속 나를 옛날 이름으로 불렀어.
B 오랜 습관은 쉽게 안 바뀌니까!
A 맞아. 처음엔 나한테도 좀 어색했어. 하지만 결국 우리 모두 익숙해졌지.

ROLE-PLAY TRAINING

먼저 B가 되어 대화해 보세요.

A My sister finally decided on her baby's name.

B 잘됐다! 이름 정하는 건 정말 중요한 일이잖아.

A Absolutely. Speaking of which, I used to have a different name when I was little.

B 진짜? 그럼 개명한 거야?

A Yeah. My dad thought my current name would suit me better in the long run, so he got it changed legally.

B 주변 사람들이 헷갈려 하지 않았어?

A Of course they did. All my friends and relatives kept calling me by my old name for a while.

B 오랜 습관은 쉽게 안 바뀌니까!

A Right. At first, it was a bit awkward for me, too. But eventually, we all got used to it.

1. relatives는 [뤨러티브스]처럼 발음합니다. 륄레이티브스(x)
2. deal/diːl/은 장음으로 [디을]처럼 길게 발음합니다.

앞에서 배운 대화문의 상대방이 되어 직접 말해 보세요.

이번에는 A가 되어 대화해 보세요.

A 언니가 드디어 아기 이름을 정했어.

B That's great! Choosing a name is such a big deal.

A 정말 그렇지. 말이 나왔으니 말인데, 나 어릴 땐 다른 이름이었어.

B Really? So, you got a name change?

A 응. 아빠가 현재의 내 이름이 길게 보면 더 잘 어울릴 거라고 생각하셔서 법적으로 바꿔 주셨어.

B Didn't people around you get confused?

A 당연히 그랬지. 내 친구들이랑 친척들 모두 한동안 계속 나를 옛날 이름으로 불렀어.

B Old habits die hard!

A 맞아. 처음엔 나한테도 좀 어색했어. 하지만 결국 우리 모두 익숙해졌지.

오늘의 한 문장

Old habits die hard!
오랜 습관은 쉽게 안 바뀌니까!

Unit 45 Rentals 렌탈

 I'm thinking about getting new home appliances and furniture when I move. The stuff I have now is so **outdated**.

What are you looking to get?

 I need a fridge, a washer and dryer, an air purifier, a mattress, and more. It's already expensive, though.

Have you thought about renting instead? It could save you the **upfront costs**.

 I get that, but I don't want to **be tied to** a long-term contract.

That could be the **downside**, but the good thing is renting includes service visits, even for the mattress.

 Oh, that sounds super handy. I'll consider it!

Just make sure to compare the contract terms between different rental companies.

---

home appliances 가전제품 **furniture** 가구 **air purifier** 공기 청정기
long-term 장기적인 **contract** 계약 **handy** 편리한 **consider** 고려하다
make sure 확실히 하다 **compare** 비교하다

KEY EXPRESSIONS

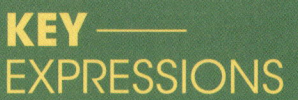

1. outdated

'벗어난(out)'과 '때, 시대(date)'를 합친 '구식의', '시대에 뒤떨어진', 또는 '낡아빠진'이라는 뜻의 형용사입니다. 현대적이거나 더는 유용하지 않은 상태를 나타냅니다.

His phone is so outdated that it can't even run basic apps.
그의 전화기는 기본 앱도 실행하지 못할 만큼 구식이다.

2. upfront cost

'upfront'는 '미리', '앞서서'라는 의미로, 'upfront cost'는 거래나 계약 시작 시점에 지급하는 '선불 비용', '초기 비용'을 말합니다. 계약금, 보증금, 등록비, 설치비 등 다양한 의미로 쓰입니다.

The upfront costs for renting this office include a deposit.
이 사무실을 임대하려면 보증금을 포함한 초기 비용이 필요합니다.

3. be tied to ~

tie는 '묶다'로, 수동형인 'be tied to ~'는 '~에 묶이다'를 의미합니다. 다양하게 연습해 보세요.

I don't want to be tied to a single location, which is why I'm looking for a job that requires many travels.
난 한 장소에만 매여 있긴 싫어서 여행을 많이 해야 하는 직종을 알아보는 중이야.

4. downside

다양한 대상의 부정적인 면을 가리키는 표현입니다. 때에 따라 '약점', '단점', '문제점', '취약점', '(결정의 경우) 리스크' 등의 의미를 가질 수 있습니다.

The product is affordable, but its durability is a downside.
제품 가격은 좋은데, 내구성이 단점이네요.

A 이사 갈 때 가전제품이랑 가구를 새로 장만할까 봐. 지금 있는 것들은 너무 오래됐어.
B 뭐 사려고 하는데?
A 냉장고, 세탁기와 건조기, 공기 청정기, 매트리스랑 다른 것들도 필요해. 근데 벌써 비싸네.
B 대신에 렌탈하는 거 생각해 봤어? 초기 비용을 아낄 수 있을 텐데.
A 그건 이해하는데, 장기 계약에 묶이고 싶진 않아서.
B 그게 단점일 수 있지만, 렌탈의 좋은 점은 방문 서비스를 포함하는 거잖아, 심지어 매트리스까지도.
A 오, 엄청 편리하게 들리네. 고려해 볼게!
B 꼭 여러 렌탈 업체의 계약 조건을 비교해 보도록 해.

ROLE-PLAY TRAINING

먼저 B가 되어 대화해 보세요.

A I'm thinking about getting new home appliances and furniture when I move. The stuff I have now is so outdated.

 B **뭐 사려고 하는데?**

A I need a fridge, a washer and dryer, an air purifier, a mattress, and more. It's already expensive, though.

 B **대신에 렌탈하는 거 생각해 봤어? 초기 비용을 아낄 수 있을 텐데.**

A I get that, but I don't want to be tied to a long-term contract.

 B **그게 단점일 수 있지만, 렌탈의 좋은 점은 방문 서비스를 포함하는 거잖아, 심지어 매트리스까지도.**

A Oh, that sounds super handy. I'll consider it!

 B **꼭 여러 렌탈 업체의 계약 조건을 비교해 보도록 해.**

발음 tip

1. appliance/əˈplaɪəns/는 2음절 강세로 복수형인 appliances는 [어플라이언씨ㅅ]처럼 발음합니다.
2. upfront/ˌʌpˈfrʌnt/는 2음절 강세로 [front]의 음가가 [up]보다 약간 더 높습니다.

앞에서 배운 대화문의 상대방이 되어 직접 말해 보세요.

이번에는 A가 되어 대화해 보세요.

A 이사 갈 때 가전제품이랑 가구를 새로 장만할까 봐. 지금 있는 것들은 너무 오래됐어.

B What are you looking to get?

A 냉장고, 세탁기와 건조기, 공기 청정기, 매트리스랑 다른 것들도 필요해. 근데 벌써 비싸네.

B Have you thought about renting instead? It could save you the upfront costs.

A 그건 이해하는데, 장기 계약에 묶이고 싶진 않아서.

B That could be the downside, but the good thing is renting includes service visits, even for the mattress.

A 오, 엄청 편리하게 들리네. 고려해 볼게!

B Just make sure to compare the contract terms between different rental companies.

오늘의 한 문장
I don't want to be tied to a long-term contract.
난 장기 계약에 묶이고 싶진 않아.

Unit 46 Pregnancy Dreams 태몽

 Anne, **now that** you're expecting, have you or your family had any **pregnancy dreams**?

Oh, I had this vivid dream where a dragon was wrapped around a tree!

 Isn't a dragon **a sign of** a boy?

That's what my mom said. And my husband had a dream about the ocean with huge waves.

 That sounds like another sign of a boy, right?

That's what I found on Google.

 So, I might be getting a nephew! It's fascinating how some people have these dreams before **giving birth**.

I never thought I'd have one since I hardly ever dream.

 As your best friend, maybe I'll be the next one to dream about your baby!

---

vivid 선명한, 생생한 **wrap around** 두르다, 휙 감다 **nephew** 남자 조카
fascinating 재미있는, 신기한 **hardly** 거의 ~않다

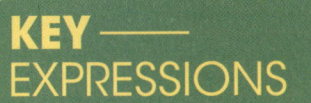

1. Now that ~

'이제 ~하니까' 또는 '~하기 때문에'라는 뜻으로 사용되는 구어적 표현입니다. 공식적인 대화에서는 since나 because를 사용하는 것이 더 적합합니다.

Now that the weekend is here, I can finally binge-watch my favorite show.
이제 주말이니까 드디어 내가 좋아하는 쇼를 몰아볼 수 있겠다.

2. pregnancy dream

태아의 성별이나 기질을 암시하는 상징물을 본다는 '태몽'을 가장 직접적으로 옮긴 표현입니다. 서양인들에게는 생소한 문화로, 대화 시 설명이 필요할 수 있습니다.

My mom had a **pregnancy dream** about hugging the sun.
우리 엄마가 태양을 껴안는 태몽을 꾸셨어.

3. a sign of ~

여기서 sign은 물건, 사건, 상태 등이 그 자체 이외의 무엇을 나타내는 '징후', '상징'의 의미로, sign of 뒤에는 어떤 것의 징후인지 설명합니다.

Dark clouds are quite **an** accurate **sign of** a storm.
먹구름은 꽤나 정확한 폭풍의 징후이다.

4. give birth (to ~)

의미는 '(~를) 낳다'인데, birth는 출산을 의미하기에 조류나 파충류가 알을 낳는 것에는 사용하지 않습니다. 이 표현은 수동태로는 거의 쓰지 않습니다.

She **gave birth to** a healthy baby girl yesterday.
그녀는 어제 건강한 딸을 낳았다.

A 앤, 네가 아기를 가졌으니 말인데, 너나 가족 중에 태몽 꾼 거 있어?
B 아, 나무에 용이 감겨 있는 생생한 꿈을 꿨어!
A 용은 아들의 상징 아니야?
B 우리 엄마도 그렇게 말씀하시더라. 그리고 내 남편은 큰 파도가 치는 바다에 관한 꿈을 꿨어.
A 그것도 아들의 상징처럼 들리는데, 그치?
B 검색하니 그렇게 나오더라.
A 그럼 나 남자 조카가 생길지도 모르겠네! 출산 전에 이런 꿈을 꾸는 사람들이 있다는 게 참 신기해.
B 내가 이런 꿈을 꿀 줄 전혀 몰랐어, 난 거의 꿈을 안 꾸는 편이라.
A 네 절친으로서, 다음엔 내가 네 아기에 대한 꿈을 꿀지도 몰라!

먼저 B가 되어 대화해 보세요.

A Anne, now that you're expecting, have you or your family had any pregnancy dreams?

 B **아, 나무에 용이 감겨 있는 생생한 꿈을 꿨어!**

A Isn't a dragon a sign of a boy?

 B **우리 엄마도 그렇게 말씀하시더라. 그리고 내 남편은 큰 파도가 치는 바다에 관한 꿈을 꿨어.**

A That sounds like another sign of a boy, right?

 B **검색하니 그렇게 나오더라.**

A So, I might be getting a nephew! It's fascinating how some people have these dreams before giving birth.

 B **내가 이런 꿈을 꿀 줄 전혀 몰랐어, 난 거의 꿈을 안 꾸는 편이라.**

A As your best friend, maybe I'll be the next one to dream about your baby!

---

1. nephew/nefju:/는 1음절 강세, 2음절 장음으로 [네퓨-] 또는 /nevju:/[네뷰-]처럼 발음합니다.
2. 'wrapped around'를 연음 시 [웹터롸운드]처럼 들립니다. [around]는 2음절 강세로 [round]의 음가가 약간 높아야 합니다.

> 앞에서 배운 대화문의 상대방이 되어 직접 말해 보세요.

이번에는 A가 되어 대화해 보세요.

A 앤, 네가 아기를 가졌으니 말인데, 너나 가족 중에 태몽 꾼 거 있어?

B Oh, I had this vivid dream where a dragon was wrapped around a tree!

A 용은 아들의 상징 아니야?

B That's what my mom said. And my husband had a dream about the ocean with huge waves.

A 그것도 아들의 상징처럼 들리는데, 그치?

B That's what I found on Google.

A 그럼 나 남자 조카가 생길지도 모르겠네! 출산 전에 이런 꿈을 꾸는 사람들이 있다는 게 참 신기해.

B I never thought I'd have one since I hardly ever dream.

A 네 절친으로서, 다음엔 내가 네 아기에 대한 꿈을 꿀지도 몰라!

오늘의 한 문장

It's fascinating how some people have these dreams before giving birth.
출산 전에 이런 꿈을 꾸는 사람들이 있다는 게 참 신기해.

Unit 47 Sleeping in 늦잠 자기

I slept for nearly 14 hours again. I feel kind of guilty about it.

But it's Saturday! Besides, you're **between jobs**. What's there to worry about?

I'm just worried it's becoming a habit.

Perhaps it's just a temporary thing with the seasonal change. I **feel drowsier** these days, too.

But **the thing is, sleeping in** makes it hard to sleep at night, and the vicious cycle just repeats.

What about setting a regular wake-up and sleep time, even on weekends?

Ugh, that sounds like I'm working without getting paid.

Well, then enjoy your free lifestyle before starting work again!

I wish my new job valued the skill of sleeping in!

---

temporary 일시적인   seasonal 계절의   vicious cycle 악순환   get paid 급여를 받다

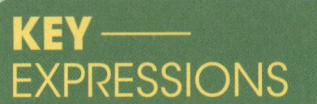

1. **between jobs**

직역하면 '직장 사이에 있는'이라는 뜻으로, 실직 중, 이직 준비 중, 구직 중, 의도적으로 일을 쉬는 중 등 '구직을 포기하지 않은 한' 모든 실직 상태를 가리킵니다.

I'm **between jobs** now but actively looking for new opportunities.
전 지금은 일을 쉬고 있지만 새로운 기회를 적극적으로 찾고 있어요.

2. **feel drowsy**

drowsy는 '졸리는', '나른한'의 뜻으로, sleepy의 동의어처럼 쓰입니다. 나른하여 무기력한 상태 및 약물 복용 후 졸음이 오는 부작용을 나타낼 때도 사용합니다.

This cold medicine can make you **feel drowsy**, so avoid driving.
이 감기약은 졸음을 유발할 수 있으니 운전은 피하세요.

3. **The thing is, 주어+동사.**

맥락에 따라 '중요한 건 ~이다', '사실은 ~이다', '문제는 ~이다'라는 의미입니다. 중요한 점을 강조할 때, 화제를 전환할 때, 변명할 때 등 운을 띄우는 뉘앙스입니다.

I wanted to call you, but **the thing is,** my phone's broken.
너한테 전화하고 싶었는데, 문제는 내 전화기가 망가졌다는 거야.

4. **sleep in**

'늦잠을 자다'라는 뜻의 구동사로, 주로 알람을 맞추지 않고 선택적으로 늦잠을 잘 때 쓰는 표현입니다. 실수로 늦잠을 자는 의미인 oversleep과 구분하세요.

Since tomorrow is a holiday, I'm going to **sleep in** and relax.
내일은 휴일이니까 늦잠 자면서 푹 쉬어야지.

A 나 또 거의 14시간이나 잤어. 약간 죄책감이 들어.
B 하지만 토요일이잖아! 게다가 너 지금 일을 쉬고 있잖아. 뭐가 걱정이야?
A 이게 습관이 되는 게 걱정이야.
B 아마 환절기라 일시적인 걸 수도 있어. 나도 요즘 더 졸리더라고.
A 근데 문제는 늦잠을 자면 밤에 잠들기가 힘들고, 악순환이 그렇게 반복된다는 거야.
B 주말에도 일정한 기상 시간과 취침 시간을 정해 보는 건 어때?
A 으, 그건 월급도 안 받으면서 일하는 느낌인데.
B 음, 그럼 다시 일을 시작하기 전에 자유로운 라이프 스타일을 즐기든가!
A 내 새 직장이 늦잠 자기 능력을 인정해 줬으면 좋겠다!

ROLE-PLAY TRAINING

먼저 B가 되어 대화해 보세요.

A I slept for nearly 14 hours again. I feel kind of guilty about it.

B **하지만 토요일이잖아! 게다가 너 지금 일을 쉬고 있잖아. 뭐가 걱정이야?**

A I'm just worried it's becoming a habit.

B **아마 환절기라 일시적인 걸 수도 있어. 나도 요즘 더 졸리더라고.**

A But the thing is, sleeping in makes it hard to sleep at night, and the vicious cycle just repeats.

B **주말에도 일정한 기상 시간과 취침 시간을 정해 보는 건 어때?**

A Ugh, that sounds like I'm working without getting paid.

B **음, 그럼 다시 일을 시작하기 전에 자유로운 라이프 스타일을 즐기든가!**

A I wish my new job valued the skill of sleeping in!

 발음 tip

1. fourteen/fɔːrˈtiːn/은 2음절 강세+장음입니다. 이처럼 [teen]으로 끝나는 숫자는 [teen]의 음가를 높고 길게 발음해 주세요.
2. quite은 /kwaɪt/[콰잍]처럼 발음합니다. quiet/kwaɪət/[콰이엍]과 혼동하지 않게 유의해 주세요.

앞에서 배운 대화문의 상대방이 되어 직접 말해 보세요.

이번에는 A가 되어 대화해 보세요.

 나 또 거의 14시간이나 잤어. 약간 죄책감이 들어.

But it's Saturday! Besides, you're between jobs. What's there to worry about?

 이게 습관이 되는 게 걱정이야.

Perhaps it's just a temporary thing with the seasonal change. I feel drowsier these days, too.

근데 문제는 늦잠을 자면 밤에 잠들기가 힘들고, 악순환이 그렇게 반복된다는 거야.

What about setting a regular wake-up and sleep time, even on weekends?

 으, 그건 월급도 안 받으면서 일하는 느낌인데.

Well, then enjoy your free lifestyle before starting work again!

 내 새 직장이 늦잠 자기 능력을 인정해 줬으면 좋겠다!

오늘의 한 문장

Sleeping in makes it hard to sleep at night.

늦잠을 자면 밤에 잠들기가 힘들어.

Unit 48 Playing Games 게임하기

 You should stop gaming. How many hours has it been?

 Oh, is it that late already? Time flies when I play games.

 You're going to end up with **tech neck**. What kind of game is it, anyway?

 It's a strategy simulation game. Once I start, I **lose track of time**.

 At least do some stretching in between. Staying in the same posture for too long is bad for you.

 Got it. Don't you like games? They're the best way to **blow off steam**.

 I play occasionally, but I don't dive into them like you do.

 Alright, just half an hour more, and I'll stop **for good**.

 I wish you would.

---

time flies 시간이 빠르게 흘러가다　**strategy** 전략　**at least** 최소한, 적어도　**posture** 자세
occasionally 가끔, 때때로　**dive in** 몰두하다　**half an hour** 30분

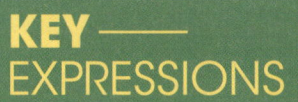

1. tech neck

전자기기를 장시간 사용하는 습관으로 발생하는 '거북목' 및 그 관련 증상을 지칭하는 용어입니다.

Make sure your screen is at eye level to prevent tech neck.
거북목을 방지하기 위해 화면이 눈높이에 있는지 꼭 확인하세요.

2. lose track of time

직역하면 '시간의 흐름을 잊다'로, 실제로는 어떤 일에 몰두하거나 정신이 팔려 '시간 가는 줄 모르다'라는 뜻입니다.

I lost track of time while talking to an old friend I ran into.
우연히 만난 옛 친구랑 얘기하느라 시간 가는 줄 몰랐어.

3. blow off steam

'blow off steam(증기를 뿜다)'은 산업 혁명 시기에 과압 폭발을 막기 위해 증기를 배출했던 모습에 비유하여 스트레스나 화를 물리적, 심리적으로 해소하는 상황을 묘사하게 되었습니다.

For me, yelling at my pillow is the best way to blow off steam.
나에게 있어 스트레스를 푸는 최고의 방법은 베개에 대고 소리를 지르는 거야.

4. for good

중세 시대에 'for good and all(좋은 결과를 지속하기 위해)'이라는 표현을 사용했는데, 시간이 지나면서 '좋은 결과'보다는 '영구적인 상태'에 초점이 맞춰졌고, 간결하게 'for good'으로 축약되었습니다.

I broke up for good this time. 나 이번엔 완전히 헤어졌어.

해석

A 너 게임 좀 그만해야 돼. 몇 시간째니?
B 아, 벌써 시간이 이렇게 됐어? 게임을 하면 시간이 정말 빨리 가.
A 그러다 거북목이 되겠어. 대체 무슨 게임인데?
B 전략 시뮬레이션 게임이야. 한 번 시작하면 시간 가는 줄 몰라.
A 적어도 중간에 한 번씩 스트레칭이라도 좀 해. 같은 자세로 너무 오래 있는 건 건강에 나빠.
B 알겠어. 너는 게임 안 좋아해? 스트레스 풀기에 최고인데.
A 가끔 하긴 하지만 너처럼 빠져서 하진 않아.
B 알겠어, 딱 30분만 더 하고 진짜 그만 할게.
A 부디 그랬으면 해.

B ROLE-PLAY TRAINING

먼저 B가 되어 대화해 보세요.

A You should stop gaming. How many hours has it been?

B 아, 벌써 시간이 이렇게 됐어? 게임을 하면 시간이 정말 빨리 가.

A You're going to end up with tech neck. What kind of game is it, anyway?

B 전략 시뮬레이션 게임이야. 한 번 시작하면 시간 가는 줄 몰라.

A At least do some stretching in between. Staying in the same posture for too long is bad for you.

B 알겠어. 너는 게임 안 좋아해? 스트레스 풀기에 최고인데.

A I play occasionally, but I don't dive into them like you do.

B 알겠어, 딱 30분만 더 하고 진짜 그만 할게.

A I wish you would.

발음 tip

1 occasionally는 /əˈkeɪʒnəli/[어케이저널리]처럼 발음합니다. 어케이셔널리(x)
2 posture/pɑːstʃər/는 1음절 강세+장음으로 [파-ㅅ쳐]에 가깝게 발음합니다.

앞에서 배운 대화문의 상대방이 되어 직접 말해 보세요.

이번에는 A가 되어 대화해 보세요.

A 너 게임 좀 그만해야 돼. 몇 시간째니?

B Oh, is it that late already? Time flies when I play games.

A 그러다 거북목이 되겠어. 대체 무슨 게임인데?

B It's a strategy simulation game. Once I start, I lose track of time.

A 적어도 중간에 한 번씩 스트레칭이라도 좀 해. 같은 자세로 너무 오래 있는 건 건강에 나빠.

B Got it. Don't you like games? They're the best way to blow off steam.

A 가끔 하긴 하지만 너처럼 빠져서 하진 않아.

B Alright, just half an hour more, and I'll stop for good.

A 부디 그랬으면 해.

오늘의 한 문장

Once I start, I lose track of time.
한 번 시작하면 시간 가는 줄 몰라.

Unit 49 Reading Tastes 독서 취향

Is that the bestselling novel everyone's talking about?

It is! **I can't take my eyes off it.** Have you read it?

No, novels are **not** really **my thing**.

What kind of books do you like, then?

I mostly read non-fiction, like essays and marketing books. But **every now and then**, I read poetry, too.

That's pretty diverse. Sounds like you read a lot.

I aim for at least one book a month. Do you prefer paper books or e-books?

E-books for sure. It's way easier to switch between different books. And you?

Paper for me. I like underlining and feeling the book's **texture**.

---

novel 소설   **non-fiction** 비소설   **essay** 에세이, 수필   **poetry** 시   **diverse** 다양한
aim for ~을 목표로 하다   **e-book** 전자책   **switch** 바꾸다   **underline** 밑줄을 긋다

KEY EXPRESSIONS

1. I can't take my eyes off it.

'눈을 뗄 수 없다'라는 뜻으로, 어떤 대상이 매우 매력적이거나 흥미로워서 시선이나 마음을 다른 곳으로 돌릴 수 없는 상태를 묘사합니다.

Your shoes were so stunning that **I couldn't take my eyes off** them.
네 신발이 너무 예뻐서 눈을 못 떼겠더라.

2. (not) my thing

'my thing'은 '내가 좋아하는 것', '내 취향'을 의미하므로, 앞에 부정어구 not을 붙이면 '나한테 안 맞는 것', '내 취향이 아닌 것'을 뜻합니다.

Thanks for inviting me to the karaoke, but singing's **not my thing**. 노래방에 초대해 줘서 고맙지만, 노래하는 건 내 취향이 아니야.

3. every now and then

'가끔씩', '때때로', '이따금씩'이라는 뜻으로, 특정 행동이나 상황이 자주는 아니지만 불규칙적으로 반복될 때 사용됩니다.

I treat myself to a fancy dinner **every now and then**.
가끔씩 나는 스스로에게 근사한 저녁 식사를 선물한다.

4. texture

'질감', '촉감'을 뜻하며, 눈으로 보거나 손으로 만져 느낄 수 있는 표면의 특성을 나타냅니다. 음식과 관련해서는 '식감'이라는 뜻으로 자주 사용됩니다.

I love the silky **texture** of these PJs.
난 이 잠옷의 실크 같이 부드러운 촉감이 너무 좋아.

해석

A 그거 다들 얘기하는 그 베스트셀러 소설이야?
B 맞아! 눈을 뗄 수가 없어. 이거 읽어 봤어?
A 아니, 소설은 별로 내 취향이 아니라서.
B 그럼 어떤 책을 좋아해?
A 주로 에세이나 마케팅 책 같은 비소설을 읽어. 근데 어쩌다 한 번씩 시도 읽어.
B 꽤 다양하네. 너 책 많이 읽는 것 같다.
A 적어도 한 달에 한 권 읽는 걸 목표로 해. 넌 종이책이랑 전자책 중 뭐가 더 좋아?
B 무조건 전자책이지. 다른 책들로 바꿔 가면서 읽기 훨씬 쉽거든. 넌?
A 난 종이책. 밑줄을 긋고 책의 질감을 느끼는 게 좋아.

ROLE-PLAY TRAINING

먼저 B가 되어 대화해 보세요.

A: Is that the bestselling novel everyone's talking about?

B: 맞아! 눈을 뗄 수가 없어. 이거 읽어 봤어?

A: No, novels are not really my thing.

B: 그럼 어떤 책을 좋아해?

A: I mostly read non-fiction, like essays and marketing books. But every now and then, I read poetry, too.

B: 꽤 다양하네. 너 책 많이 읽는 것 같다.

A: I aim for at least one book a month. Do you prefer paper books or e-books?

B: 무조건 전자책이지. 다른 책들로 바꿔 가면서 읽기 훨씬 쉽거든. 넌?

A: Paper for me. I like underlining and feeling the book's texture.

발음 tip

1. novel /nɑːvl/은 1음절 강세+장음으로 [나-블]처럼 발음합니다. V 사운드에 유의하세요.
2. diverse는 2음절 강세+장음으로 주로 /daɪvɜːrs/[다이버-ㅅ]처럼 발음하지만 /dɪvɜːs/[디버-ㅅ]처럼도 발음 가능합니다.

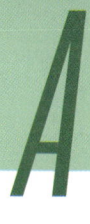

앞에서 배운 대화문의 상대방이 되어 직접 말해 보세요.

이번에는 A가 되어 대화해 보세요.

A 그거 다들 얘기하는 그 베스트셀러 소설이야?

B It is! I can't take my eyes off it. Have you read it?

A 아니, 소설은 별로 내 취향이 아니라서.

B What kind of books do you like, then?

A 주로 에세이나 마케팅 책 같은 비소설을 읽어. 근데 어쩌다 한 번씩 시도 읽어.

B That's pretty diverse. Sounds like you read a lot.

A 적어도 한 달에 한 권 읽는 걸 목표로 해. 넌 종이책이랑 전자책 중 뭐가 더 좋아?

B E-books for sure. It's way easier to switch between different books. And you?

A 난 종이책. 밑줄을 긋고 책의 질감을 느끼는 게 좋아.

오늘의 한 문장

I can't take my eyes off it.
눈을 뗄 수가 없어.

Unit 50 Dieting 다이어트 하기

 Are you on a diet? You're eating so little!

 Yeah, I think I need to **shed** a few **pounds**. Some of my clothes don't fit well.

 Really? I can't tell if you've gained weight.

 I've **put on some belly fat**. I'm hiding it under my hoodies, but with summer coming, I'm worried.

 I see. Dieting is tough. **I've been there.**

 It's really hard when I'm hungry, especially when I crave fried chicken at night.

 Tell me about it. Why don't you try exercising, too?

 I don't like gym workouts, but I've been taking the stairs whenever I see them.

 That's a great start! And stay hydrated — it really helps with cravings.

be on a diet 다이어트 중이다 **gain weight** 살이 찌다 **hoody** 모자가 달린 티셔츠
crave 간절히 원하다, ~이 당기다 **take stairs** 계단을 오르다

KEY EXPRESSIONS

1. shed pounds

shed는 '(동물이) 털갈이를 하다', '(옷을) 벗다' 등의 뜻으로, 무게 단위인 pounds와 결합해 '몇 파운드 떨어내다', 즉 '살을 빼다'라는 의미의 구어적 표현으로 사용됩니다.

Cutting down on sugary drinks can help you shed a few pounds. 설탕이 들어간 음료를 자제하면 살을 좀 빼는 데 도움이 될 수 있어.

2. put on some belly fat

'put on'은 '옷을 입다', '(~의) 양이 늘다'라는 의미를 가진 구동사로, 여기서는 뱃살을 뜻하는 'belly fat'과 함께 쓰여 '뱃살이 늘다', '뱃살이 찌다'라는 표현이 되었습니다.

I've put on some belly fat after eating out too much recently. 최근에 외식을 너무 많이 해서 뱃살이 좀 쪘네.

3. I've been there.

"나 거기에 가 본 적이 있어."라는 기본 의미 외에 특정한 감정이나 상황을 경험해 봤음을 나타낼 때, 공감이나 이해를 표현할 때도 많이 사용합니다.

I've been there, and I know how hard it can be. 나도 그런 상황을 겪어 봐서 얼마나 힘든지 알아.

4. Tell me about it.

크게 두 가지 뜻으로 사용됩니다. 직역 그대로 "그것에 대해 말해 줘." 또는 상대방에게 매우 공감하는 표현으로 "내 말이!"라는 의미로 쓰입니다.

A: It's so hard to wake up early on Mondays.
B: **Tell me about it.**
A: 월요일 아침에는 일찍 일어나기가 참 힘들어. / B: 그러니까 말이야.

A 너 다이어트 중이야? 너무 조금 먹는다!
B 응, 살을 좀 빼야 할 것 같아서. 몇몇 옷이 잘 안 맞아.
A 정말? 살 찐 거 잘 모르겠는데.
B 뱃살이 좀 쪘어. 후드 티셔츠로 가리고 있는데, 여름이 다가오니 걱정이야.
A 그렇구나. 다이어트가 참 힘든데. 나도 경험해 봤어.
B 배고플 때 진짜 힘들어, 특히 밤에 치킨 당길 때.
A 공감해. 운동도 같이 해 보는 건 어때?
B 난 헬스장 운동은 별로 안 좋아해, 그래도 눈에 보일 때마다 계단을 오르고 있어.
A 좋은 시작이네! 수분 섭취도 잘 해. 식욕 조절에 정말 도움이 돼.

ROLE-PLAY TRAINING

먼저 B가 되어 대화해 보세요.

A Are you on a diet? You're eating so little!

B **응, 살을 좀 빼야 할 것 같아서. 몇몇 옷은 잘 안 맞아.**

A Really? I can't tell if you've gained weight.

B **뱃살이 좀 쪘어. 후드 티셔츠로 가리고 있는데, 여름이 다가오니 걱정이야.**

A I see. Dieting is tough. I've been there.

B **배고플 때 진짜 힘들어, 특히 밤에 치킨이 당길 때.**

A Tell me about it. Why don't you try exercising, too?

B **난 헬스장 운동은 별로 안 좋아해, 그래도 눈에 보일 때마다 계단을 오르고 있어.**

A That's a great start! And stay hydrated — it really helps with cravings.

1. "I've been there."에서 [been]의 음가를 높고 길게 발화하는 것이 자연스럽습니다.
2. especially /ɪˈspeʃəli/는 2음절 강세로 [pe]의 음가를 높여 발음합니다. -ly로 끝나는 단어는 마지막 음절을 끌고 올라가는 톤이 되지 않게 주의해 주세요.

> 앞에서 배운 대화문의 상대방이 되어 직접 말해 보세요.

이번에는 A가 되어 대화해 보세요.

 A 너 다이어트 중이야? 너무 조금 먹는다!

B Yeah, I think I need to shed a few pounds. Some of my clothes don't fit well.

 A 정말? 살 찐 거 잘 모르겠는데.

B I've put on some belly fat. I'm hiding it under my hoodies, but with summer coming, I'm worried.

 A 그렇구나. 다이어트가 참 힘든데. 나도 경험해 봤어.

B It's really hard when I'm hungry, especially when I crave fried chicken at night.

 A 공감해. 운동도 같이 해 보는 건 어때?

B I don't like gym workouts, but I've been taking the stairs whenever I see them.

 A 좋은 시작이네! 수분 섭취도 잘 해. 식욕 조절에 정말 도움이 돼.

> **오늘의 한 문장**
>
> **I think I need to shed a few pounds.**
> 살을 좀 빼야 할 것 같아.

Unit 51 Superstitions 미신

 I had a strange dream full of pigs last night.

 Really? That's a sign of money coming in! You might want to buy a lottery ticket.

 Isn't that just an old superstition?

 Yeah, but a lot of people say pigs represent wealth in dreams.

 I don't know. I thought dreams were just **a bunch of** random thoughts.

 Maybe, but **what's the harm in trying?** It could be your lucky day.

 You're right, but I**'m too** lazy **to** do anything with my dream.

 Hey, I**'m open to buying** that dream. I'm getting a lottery ticket anyway.

 Seriously? Well, perhaps selling the dream is a better bet. So, how much are you offering?

---

strange 이상한 lottery ticket 복권 superstition 미신 represent 나타내다, 대표하다
wealth 부, 부유함

KEY EXPRESSIONS

1. a bunch of

bunch는 '묶음', '다발'을 뜻하지만, 캐주얼한 대화체에서 '막연하게 많은 수량'을 가리킵니다. 'a lot of'와 비슷하게 셀 수 없는 명사와도 쓰일 수 있고, 더 가볍고 부정확한 느낌입니다.

I picked up a bunch of snacks for the movie night, so we're all set! 영화 보려고 내가 간식을 잔뜩 사 왔으니까, 준비 완료!

2. What's the harm in trying?

harm은 '피해', '손해'라는 의미로, 문장을 직역하면 "시도하는 것에 무슨 피해가 있니?"입니다. 상대방이 망설이거나 주저할 때, 부드럽게 설득하거나 격려하는 느낌을 줍니다.

What's the harm in trying? She might say "yes"!
시도해서 나쁠 게 뭐 있어? 그녀가 승낙할 수도 있잖아!

3. be too+형용사+to+동사

'...하기엔 너무 ~하다' 즉, '너무 ~해서 ...할 수 없다'라는 부정의 의미로 해석합니다.

I'm too tired to stay awake any longer.
나 너무 피곤해서 더 이상 깨어 있을 수가 없어.

4. be open to -ing

'be open to -ing'는 어떤 일(-ing)에 대해 기꺼이 고려하거나 받아들일 준비가 되어 있다는 의미입니다. 여기서 to는 전치사이기 때문에 뒤에 꼭 동사가 와야 합니다.

I'm always open to trying new cuisines.
나는 늘 새로운 요리를 먹어 볼 의향이 있어.

A 어젯밤에 돼지가 잔뜩 나오는 이상한 꿈을 꿨어.
B 진짜? 그거 돈 들어오는 징조인데! 복권을 사는 게 좋겠는데.
A 그건 그냥 오래된 미신 아냐?
B 응, 그래도 많은 사람들이 꿈에서 돼지를 보는 게 부를 나타낸다고 하잖아.
A 잘 모르겠어. 난 꿈은 그냥 랜덤한 생각 덩어리라고 생각했거든.
B 그럴 수도 있지만, 해 봐서 나쁠 거 없잖아? 너의 행운의 날일 수도 있으니.
A 네 말이 맞긴 한데, 내 꿈으로 뭘 하자니 너무 귀찮아.
B 야, 그 꿈 내가 살 생각 있어. 어차피 난 복권을 사니까.
A 진심이야? 음, 어쩌면 꿈을 파는 게 더 나은 베팅일지도. 그래서, 얼마 줄 건데?

먼저 B가 되어 대화해 보세요.

A I had a strange dream full of pigs last night.

B 진짜? 그거 돈 들어오는 징조인데! 복권을 사는 게 좋겠는데.

A Isn't that just an old superstition?

B 응, 그래도 많은 사람들이 꿈에서 돼지를 보는 게 부를 나타낸다고 하잖아.

A I don't know. I thought dreams were just a bunch of random thoughts.

B 그럴 수도 있지만, 해 봐서 나쁠 거 없잖아? 너의 행운의 날일 수도 있으니.

A You're right, but I'm too lazy to do anything with my dream.

B 야, 그 꿈 내가 살 생각 있어. 어차피 난 복권을 사니까.

A Seriously? Well, perhaps selling the dream is a better bet. So, how much are you offering?

1. 'I don't know'를 빠르게 발화하면 'I dunno[아런너]'에 가깝게 들립니다.
2. represent/reprɪ́zent/는 3음절 강세로 [sent]의 음가를 높여 [뤠프뤼젠트]처럼 발음합니다.

이번에는 A가 되어 대화해 보세요.

A 어젯밤에 돼지가 잔뜩 나오는 이상한 꿈을 꿨어.

B Really? That's a sign of money coming in! You might want to buy a lottery ticket.

A 그건 그냥 오래된 미신 아냐?

B Yeah, but a lot of people say pigs represent wealth in dreams.

A 잘 모르겠어. 난 꿈은 그냥 랜덤한 생각 덩어리라고 생각했거든.

B Maybe, but what's the harm in trying? It could be your lucky day.

A 네 말이 맞긴 한데, 내 꿈으로 뭘 하자니 너무 귀찮아.

B Hey, I'm open to buying that dream. I'm getting a lottery ticket anyway.

A 진심이야? 음, 어쩌면 꿈을 파는 게 더 나은 베팅일지도. 그래서, 얼마 줄 건데?

오늘의 한 문장

What's the harm in trying?
해 봐서 나쁠 거 없잖아?

Unit 52   First Day Prep 첫 출근 준비

 Oh my goodness! I finally got a job! Dinner**'s on me** tonight!

 Wow, huge congrats, Mary! **I'm so happy for you!** When do you start?

 In two weeks, so I've got some time to shop for a few things.

 What are you going to buy?

 Let's see… some semi-formal suits, shoes, a purse, and gifts for my parents… What else?

 Whoa, easy there! You won't get that first paycheck right away.

 True. I'm not even sure if I can afford everything right now.

 Why don't you focus on the essentials until you **get a feel for** the office vibe?

 You have a point. I'll narrow down my shopping list over dinner!

---

purse 작은 핸드백, 지갑 **paycheck** 급여 **afford** ~할 여유가 있다 **essential** 필수품
have a point 일리가 있다 **narrow down** 범위를 좁히다

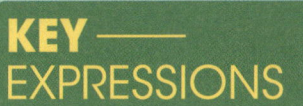

1. ~ is on me

'on me'는 'on my responsibility(내 책임으로)'를 간단히 한 형태로, 관용적으로 '내가 ~를 계산할게/쏠게'라는 뜻으로 사용됩니다.

The first round of drinks **is on me**, but the rest is on you guys!
첫 잔은 내가 쏠게, 근데 나머지는 너희가 내야 해!

2. I'm so happy for you!

"너에게 좋은 일이 생겨서 내가 기쁘다!"라는 의미로, 상대방이 겪은 좋은 일에 대한 공감과 진심 어린 축하를 전할 때 쓰는 표현입니다.

She got accepted to the college, and **I'm so happy for her**.
그녀가 대학에 합격해서 정말 기뻐.

3. in+시간 표현

시간 표현 앞에 in이 오면 '~ 후에', '~가 지난 그 시점에'라는 뜻입니다. 참고로, '~ 이내에'라고 표현할 때는 within을 쓰고, 'after+시간 표현'은 '그 시간 이후로 쭉'이라고 해석합니다.

Sorry, I can't talk right now. Can you call me back **in an hour**?
미안, 지금은 통화할 수가 없어. 한 시간 후에 다시 전화해 줄 수 있어?

4. get a feel for ~

어떤 것에 대한 '감각을 익히다', '익숙해지다' 또는 '분위기를 파악하다'라는 의미로, 특정 기술, 작업, 상황, 환경에 대해 사용할 수 있습니다.

I'm trying to **get a feel for** the team dynamics during the meeting.
나는 이 회의 동안 팀의 역학 관계를 파악하려고 한다.

해석

A 오 세상에! 나 드디어 취직했어! 오늘 저녁은 내가 쏜다!
B 와, 완전 축하해, 메리! 나도 정말 기뻐! 언제부터 출근해?
A 2주 뒤니까, 몇 가지 쇼핑할 시간이 좀 있네.
B 뭐 사려고?
A 어디 보자… 세미 정장 몇 벌, 신발, 작은 핸드백, 부모님 선물이랑… 또 뭐가 있을까?
B 워워, 진정해! 당장 첫 월급을 받는 게 아니잖아.
A 맞아. 지금 당장 다 살 여유가 있는지도 모르겠다.
B 일단 회사 분위기를 파악할 때까지 꼭 필요한 것에만 집중하는 게 어때?
A 일리가 있어. 저녁 먹으면서 쇼핑 목록 좀 줄여야겠다!

B ROLE-PLAY TRAINING

먼저 B가 되어 대화해 보세요.

A Oh my goodness! I finally got a job! Dinner's on me tonight!

B **와, 완전 축하해, 메리! 나도 정말 기뻐! 언제부터 출근해?**

A In two weeks, so I've got some time to shop for a few things.

B **뭐 사려고?**

A Let's see... some semi-formal suits, shoes, a purse, and gifts for my parents... What else?

B **워워, 진정해! 당장 첫 월급을 받는 게 아니잖아.**

A True. I'm not even sure if I can afford everything right now.

B **일단 회사 분위기를 파악할 때까지 꼭 필요한 것에만 집중하는 게 어때?**

A You have a point. I'll narrow down my shopping list over dinner!

1. semi-formal의 semi는 [쎄미] 또는 [쎄마이]로 발음합니다.
2. formal/fɔːrml/은 1음절 장음을 살려 [포-믈]처럼 소리 냅니다.

앞에서 배운 대화문의 상대방이 되어 직접 말해 보세요.

이번에는 A가 되어 대화해 보세요.

A 오 세상에! 나 드디어 취직했어! 오늘 저녁은 내가 쏜다!

B Wow, huge congrats, Mary! I'm so happy for you! When do you start?

A 2주 뒤니까, 몇 가지 쇼핑할 시간이 좀 있네.

B What are you going to buy?

A 어디 보자... 세미 정장 몇 벌, 신발, 작은 핸드백, 부모님 선물이랑... 또 뭐가 있을까?

B Whoa, easy there! You won't get that first paycheck right away.

A 맞아. 지금 당장 다 살 여유가 있는지도 모르겠다.

B Why don't you focus on the essentials until you get a feel for the office vibe?

A 일리가 있어. 저녁 먹으면서 쇼핑 목록 좀 줄여야겠다!

오늘의 한 문장

I'll narrow down my shopping list over dinner!
저녁 먹으면서 쇼핑 목록 좀 줄여야겠다!

Unit 53 Chocolate Cravings 초콜릿이 당길 때

 I've been craving sweets like crazy lately.

 Huh? How crazy are we talking?

 Every time I hit a café, I order everything chocolate — chocolate cake, chocolate chip cookies, brownies, hot cocoa…

 Wow, I can't **relate** since I don't **have a sweet tooth**. But isn't that a bit too much chocolate?

 Nothing beats chocolate, though. **It just hits the right spot**, you know?

 But too much chocolate isn't good for you. How about trying some sweet fruits, like bananas or pineapples instead?

 Hmm, it's just not the same.

 Maybe you could start with chocolate-dipped fruits.

 Oh, that sounds tempting! I'm on my way to shop for them now!

---

sweet 단것 **hit** (장소에) 닿다, 도착하다 **chocolate-dipped** 초콜릿이 묻혀진
tempting 솔깃한, 끌리는

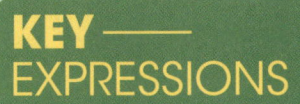

1. relate

'연결 짓다', '관련 짓다', '공감하다'라는 의미로, 'I can/can't relate(공감이 된다/안 된다)'는 감정적 거리감을 표현하는 데 자주 사용됩니다.

I can **relate** to the lyrics of this song; it feels like it's about my life.
난 이 노래 가사에 공감할 수 있어. 마치 내 인생 이야기 같아.

2. have a sweet tooth

'단것을 좋아하다'라는 관용적 표현입니다. '치아 하나'를 가리키는 tooth가 중세 시대에는 '입맛'을 의미했다는 것에서 연상하면 기억하기 쉽습니다.

Kids usually **have a sweet tooth**, so keep an eye on them.
아이들은 보통 단것을 좋아하니까, 감시를 잘해야 해.

3. Nothing beats ~

직역은 '~을 이길(능가할) 것이 없다'로, '~가 최고다', '~만한 게 없다'를 의미합니다. 주관적인 견해를 말하는 것이므로 객관적인 사실일 필요는 없습니다.

Nothing beats a cold beer right after work.
퇴근 직후에 차가운 맥주 한 잔만한 게 없지.

4. It just hits the right spot.

정확한 지점, 곧 '목표를 맞추다'라는 의미로, '취향을 저격했다'를 자연스럽게 나타내는 표현입니다. 필요나 원하는 것을 충족시키는 대상(특히 음식)에 대해 씁니다.

This cheesy pizza **just hits the right spot**.
이 치즈 가득한 피자는 진짜 딱 내 취향이야.

A 나 요즘 단 게 미친 듯이 당겨.
B 응? 얼마나 미친 듯인데?
A 카페에 갈 때마다 초콜릿으로 된 것만 시켜. 초콜릿 케이크, 초콜릿 칩 쿠키, 브라우니, 핫초코...
B 와, 난 단 걸 안 좋아해서 전혀 공감을 못하겠다. 근데 초콜릿이 좀 과한 거 아니야?
A 근데 초콜릿만한 게 없어. 딱 입맛 저격인 느낌이랄까.
B 너무 많은 초콜릿은 몸에 좋지 않아. 바나나나 파인애플 같은 달콤한 과일을 먹어 보는 건 어때?
A 음, 그건 똑같지가 않지.
B 초콜릿을 입힌 과일로 시작해 보는 건 어떨까 싶은데.
A 오, 그거 솔깃한데! 지금 당장 사러 가는 길이야!

B ROLE-PLAY TRAINING

먼저 B가 되어 대화해 보세요.

A I've been craving sweets like crazy lately.

B 응? 얼마나 미친 듯인데?

A Every time I hit a café, I order everything chocolate — chocolate cake, chocolate chip cookies, brownies, hot cocoa…

B 와, 난 단 걸 안 좋아해서 전혀 공감을 못하겠다. 근데 초콜릿이 좀 과한 거 아니야?

A Nothing beats chocolate, though. It just hits the right spot, you know?

B 너무 많은 초콜릿은 몸에 좋지 않아. 바나나나 파인애플 같은 달콤한 과일을 먹어 보는 건 어때?

A Hmm, it's just not the same.

B 초콜릿을 입힌 과일로 시작해 보는 건 어떨까 싶은데.

A Oh, that sounds tempting! I'm on my way to shop for them now!

발음 tip

1 cocoa/kəʊkəʊ/는 2음절짜리 단어로, 1음절의 음가를 약간 높여 [코으코의]를 빨리 발음하듯 [코코]에 가깝게 발음합니다. 코코아(x)
2 banana/bəˈnænə/는 2음절 강세로, [버내너]처럼 발음합니다. 빠나나(x)

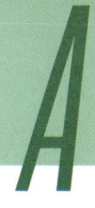

앞에서 배운 대화문의 상대방이 되어 직접 말해 보세요.

이번에는 A가 되어 대화해 보세요.

A 나 요즘 단 게 미친 듯이 당겨.

B Huh? How crazy are we talking?

A 카페에 갈 때마다 초콜릿으로 된 것만 시켜. 초콜릿 케이크, 초콜릿 칩 쿠키, 브라우니, 핫초코…

B Wow, I can't relate since I don't have a sweet tooth. But isn't that a bit too much chocolate?

A 근데 초콜릿만한 게 없어. 딱 입맛 저격인 느낌이랄까.

B But too much chocolate isn't good for you. How about trying some sweet fruits, like bananas or pineapples instead?

A 음, 그건 똑같지가 않지.

B Maybe you could start with chocolate-dipped fruits.

A 오, 그거 솔깃한데! 지금 당장 사러 가는 길이야!

오늘의 한 문장

I can't relate since I don't have a sweet tooth.
난 단 걸 안 좋아해서 전혀 공감을 못하겠다.

Unit 54   Instagram 인스타그램

 What are you looking at on Instagram?

 I'm trying to find a trendy restaurant for my friend's birthday.

 Ah, you're such a **Gen Z**. I'm **old school** — I still go straight to Google when I need to find something.

 I pretty much live on Insta. **What's your handle?** I'll DM you.

 It's pretty pointless, honestly. I hardly ever check it.

 Trust me. Once you **get the hang of** Insta, it's super convenient.

 I get that, but sharing photos or scrolling through random posts just isn't my thing.

 You can just get travel ideas or see live events without posting anything yourself.

 I guess watching YouTube occasionally is enough for me.

---

trendy 유행하는   **DM(Direct Message)** 개인 메시지를 보내다   **pointless** 무의미한
convenient 편리한   **scroll** 스크롤하다

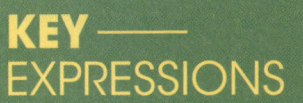

1. Gen Z

'Generation Z'를 줄인 말로, 1997년부터 2012년 사이에 태어난 세대를 지칭합니다.
Gen Z를 보다 친근하거나 풍자적으로 지칭하는 표현으로 Zoomer도 있습니다.

Gen Z grew up with the rise of social media and the shift to smartphones.
Z세대는 소셜 미디어의 부상과 스마트폰으로의 전환과 함께 자랐다.

2. old school

'옛날 방식', '전통적인 방법이나 사고방식'을 가리킵니다. 긍정적으로는 '보수적이지만 믿을 수 있는', 부정적으로는 '시대에 뒤떨어진'이라는 뉘앙스가 있습니다.

I prefer handwritten letters; I guess I'm just **old school**.
나는 손으로 쓴 편지를 선호해. 좀 구식인가 봐.

3. What's your handle?

소셜 미디어에서 '아이디(username)'를 묻는 표현입니다. handle은 원래 무언가를 잡는 부분이라는 뜻이지만, 인터넷상에서는 소셜 미디어 계정을 식별하는 이름으로 사용됩니다.

What's your TikTok handle? I'll follow you.
너 틱톡 아이디가 뭐야? 팔로우할게.

4. get the hang of ~

'~에 익숙해지다', '~에 감을 잡다', '~을 잘 다루게 되다'라는 뜻으로, 초기에는 어려워 보이거나 생소했던 일 또는 기술에 점차 익숙해지는 상황을 표현할 때 씁니다.

It took me a few tries to **get the hang of** the new app, but now it's easy. 몇 번 시도해 보니 이제 새로운 앱에 익숙해져서 쉬워.

A 인스타그램에서 뭐 보고 있어?
B 친구 생일에 갈 트렌디한 식당을 찾고 있어요.
A 아, 정말 젠지답구나. 난 옛날 사람이라 뭘 찾을 때 아직도 포털로 하거든.
B 저는 인스타에서 살다시피 해요. 아이디가 어떻게 되세요? 디엠 드릴게요.
A 솔직히 별로 의미가 없어. 거의 확인을 안 하거든.
B 절 믿어 보세요. 일단 인스타에 익숙해지면 완전 편리해요.
A 그건 알지, 근데 사진을 공유하거나 랜덤 게시물을 스크롤하는 건 내 취향이 아니라서.
B 그냥 여행 아이디어를 얻거나 라이브 이벤트만 봐도 돼요, 굳이 직접 포스팅 안 하셔도요.
A 난 가끔씩 유튜브를 보는 걸로 충분한 것 같아.

ROLE-PLAY TRAINING

먼저 B가 되어 대화해 보세요.

A What are you looking at on Instagram?

B **친구 생일에 갈 트렌디한 식당을 찾고 있어요.**

A Ah, you're such a Gen Z. I'm old school — I still go straight to Google when I need to find something.

B **저는 인스타에서 살다시피 해요. 아이디가 어떻게 되세요? 디엠 드릴게요.**

A It's pretty pointless, honestly. I hardly ever check it.

B **절 믿어 보세요. 일단 인스타에 익숙해지면 완전 편리해요.**

A I get that, but sharing photos or scrolling through random posts just isn't my thing.

B **그냥 여행 아이디어를 얻거나 라이브 이벤트만 봐도 돼요, 굳이 직접 포스팅 안 하셔도요.**

A I guess watching YouTube occasionally is enough for me.

발음 tip

1. 'Gen Z'는 2음절 강세로 [Z]의 음가가 [gen]보다 높습니다. 미국식은 /ˌdʒen ˈziː/[젠지-], 영국식은 /ˌdʒen ˈzed/[젠젣]처럼 발음합니다.
2. pointless/pɔɪntləs/는 1음절 강세로 [t]는 약하게 소리 내어 [포인트레스]에 가깝게 발음합니다.

이번에는 A가 되어 대화해 보세요.

A 인스타그램에서 뭐 보고 있어?

B I'm trying to find a trendy restaurant for my friend's birthday.

A 아, 정말 젠지답구나. 난 옛날 사람이라 뭘 찾을 때 아직도 포털로 하거든.

B I pretty much live on Insta. What's your handle? I'll DM you.

A 솔직히 별로 의미가 없어. 거의 확인을 안 하거든.

B Trust me. Once you get the hang of Insta, it's super convenient.

A 그건 알지, 근데 사진을 공유하거나 랜덤 게시물을 스크롤하는 건 내 취향이 아니라서.

B You can just get travel ideas or see live events without posting anything yourself.

A 난 가끔씩 유튜브를 보는 걸로 충분한 것 같아.

오늘의 한 문장

Once you get the hang of Insta, it's super convenient.

일단 인스타에 익숙해지면 완전 편리해요.

Unit 55 Gift for the Niece 조카에게 주는 선물

 Jin, can you help me pick a gift for my niece? I have no idea what **15-year-old girls** like these days.

How about some makeup?

 Isn't she too young for makeup? I'm worried it's bad for her skin.

You're **living in the past**! K-beauty products are high quality, and girls start **wearing makeup** at 10ish now.

 Alright, makeup it is! But I still **have no clue** about which brands or shades she likes.

No worries. Just go to Olive Young and tell the staff it's for a teen. They'll recommend the perfect products.

 Okay, I hope she likes them.

Trust me, you'll thank me later.

---

niece 여자 조카　**makeup** 화장품　**product** 제품　**quality** 품질　**shade** 색조
recommend 추천하다

KEY EXPRESSIONS

1. 15-year-old girls

'15살짜리 소녀들'입니다. 무엇이 얼마나 오래됐는지, 혹은 몇 살인지 표현할 때 하이픈을 사용해 '숫자-단위-old'를 수식 대상 앞에 씁니다.

The school started a leadership program for **17-year-old students**. 학교는 17세 학생들을 대상으로 리더십 프로그램을 시작했다.

2. live in the past

직역하면 '과거에 살다'로, 세상이 변했는데 아직 과거식으로 산다는 관용어구입니다. 가볍게 놀리거나, 친근하게 충고하거나, 때로는 비판적으로 사용할 수 있습니다.

You still listen to CDs? You're **living in the past**!
너 아직도 CD를 들어? 너 진짜 옛날 사람이다!

3. wear makeup

'화장을 하다', 정확히는 '화장을 한 상태이다'라고 보는 것이 좋습니다. wear는 화장을 한 상태를, put on은 화장을 하는 동작을 의미합니다.

I don't **wear makeup** on weekends to give my skin a break.
난 주말에는 피부가 쉴 수 있도록 화장을 안 하고 있어.

4. have no clue

clue는 '단서'를 의미하기에, '~에 대한 단서가 없다', 즉 '아무것도 모르겠다', '전혀 감이 안 잡힌다'라는 뜻입니다. 'have no idea'와 같은 표현입니다.

We **had no clue** about the changes in the schedule until the last minute. 우리는 마지막 순간까지 일정 변경에 대해 전혀 모르고 있었어.

A 진, 내 조카 선물 고르는 걸 도와줄 수 있어? 15살 여자 아이들이 요즘 뭘 좋아하는지 전혀 모르겠거든.
B 화장품은 어때?
A 아직 화장하기엔 너무 어리지 않아? 피부에 나쁠까 봐 걱정돼.
B 너 너무 옛날 사람 같다! K-뷰티 제품들은 질이 좋은데다, 요즘 여자애들은 10살 정도부터 화장을 시작해.
A 알겠어, 화장품으로 할게! 근데 조카가 어떤 브랜드나 색조를 좋아하는지 전혀 모르겠어.
B 걱정 마. 그냥 올리브영에 가서 직원한테 10대가 쓸 거라고 해. 딱 맞는 제품을 추천해 줄 거야.
A 알았어, 조카가 좋아하면 좋겠다.
B 나만 믿어, 나중에 나한테 고맙다고 할 걸.

먼저 B가 되어 대화해 보세요.

A Jin, can you help me pick a gift for my niece? I have no idea what 15-year-old girls like these days.

B 화장품은 어때?

A Isn't she too young for makeup? I'm worried it's bad for her skin.

B 너 너무 옛날 사람 같다! K-뷰티 제품들은 질이 좋은데다, 요즘 여자애들은 10살 정도부터 화장을 시작해.

A Alright, makeup it is! But I still have no clue about which brands or shades she likes.

B 걱정 마. 그냥 올리브영 가서 직원한테 10대가 쓸 거라고 해. 딱 맞는 제품을 추천해 줄 거야.

A Okay, I hope she likes them.

B 나만 믿어, 나중에 나한테 고맙다고 할 걸.

발음 tip
1. makeup/meɪkʌp/은 2음절짜리 단어로, [메이컵]처럼 발음합니다.
2. 10ish는 'ten+ish'로, [테니쉬]처럼 발음하되, [sh]는 [쉬]처럼 바람 소리로 내 주세요.

앞에서 배운 대화문의 상대방이 되어 직접 말해 보세요.

이번에는 A가 되어 대화해 보세요.

 진, 내 조카 선물 고르는 거 도와줄 수 있어? 15살 여자 아이들이 요즘 뭘 좋아하는지 전혀 모르겠거든.

 How about some makeup?

 아직 화장하기엔 너무 어리지 않나? 피부에 나쁠까 봐 걱정돼.

 You're living in the past! K-beauty products are high quality, and girls start wearing makeup at 10ish now.

 알겠어, 화장품으로 할게! 근데 조카가 어떤 브랜드나 색조를 좋아하는지 전혀 모르겠어.

 No worries. Just go to Olive Young and tell the staff it's for a teen. They'll recommend the perfect products.

 알았어, 조카가 좋아하면 좋겠다.

 Trust me, you'll thank me later.

오늘의 한 문장

You're living in the past!
너 너무 옛날 사람 같다!

Unit 56 Grocery Shopping 장보기

 (on the phone) **How about we make tomato pasta for dinner tonight?**

Sounds good! Let me see what we've got.

 I know we've got some tomato sauce and **spaghetti** in the cabinet.

Yep, and there are onions, mushrooms, broccoli, and bacon in the fridge.

 I think it would taste better with some fresh tomatoes and basil. I'll grab those.

Great. Oh, and can you get chicken stock as well? It's like **broth** that adds more depth to the sauce.

 Aha, I'll pick that up, too. And I **could really use** some wine. **What do you say?**

Perfect. Just to confirm — you're the chef tonight, right?

---

cabinet 수납장　mushroom 버섯　broccoli 브로콜리　fridge 냉장고
chicken stock 치킨 스톡　add 더하다　depth 깊이　confirm 확인하다

KEY EXPRESSIONS

1. spaghetti

한국에서 흔히 요리의 한 종류로 지칭하는 '스파게티'의 옳은 표현은 '파스타(pasta)'입니다. '스파게티'는 펜네, 푸실리, 링귀니처럼 파스타 면의 한 종류입니다.

My go-to pasta is spaghetti vongole.
내가 즐겨 먹는 파스타는 봉골레 스파게티야.

2. broth

기본적으로 고기, 채소 등을 끓여 만든 '육수'를 뜻합니다. 보통 건더기가 거의 없거나 아예 없습니다. 참고로, soup(국, 수프)는 건더기가 있는 국물 요리입니다.

I prepared a rich broth for the clam chowder soup.
내가 클램 차우더 수프를 하려고 진한 육수를 준비해 뒀어.

3. could (really) use ~

'~가 필요하다', '~가 지금 있으면 좋겠다'라는 뜻으로, need보다는 덜 직접적으로 필요를 부드럽게 나타내는 구어체 표현입니다. 현재 상황을 나타내지만 could를 사용합니다.

I'm a lightweight, but I could use some champagne on a day like this.
난 술을 못 먹지만 오늘 같은 날에는 샴페인이 있으면 좋겠어.

4. What do you say?

"(네 생각은) 어때?"라는 뜻의 캐주얼한 표현으로, 상대방의 의견이나 동의를 물을 때 사용합니다.

I think we should take a coffee break. What do you say?
우리 커피 한 잔 하면서 쉬는 게 좋을 것 같아. 어때?

해석

A (통화 중) 오늘 저녁에 토마토 파스타를 해 먹는 거 어때?
B 좋아! 우리에게 뭐가 있는지 볼게.
A 수납장에 토마토 소스랑 스파게티는 있는 건 알아.
B 응, 그리고 냉장고에 양파, 버섯, 브로콜리, 베이컨이 있어.
A 신선한 토마토랑 바질이 있으면 더 맛있을 것 같아. 내가 사 갈게.
B 아주 좋아. 아, 그리고 치킨 스톡도 사다 줄래? 소스에 깊이를 더해 주는 육수 같은 거야.
A 아하, 그럼 그것도 사 갈게. 그리고 난 와인이 있으면 정말 좋겠어. 넌 어때?
B 완벽해. 그냥 확인하는 건데, 오늘 밤 네가 요리하는 거 맞지?

ROLE-PLAY TRAINING

먼저 B가 되어 대화해 보세요.

A (on the phone) How about we make tomato pasta for dinner tonight?

B 좋아! 우리에게 뭐가 있는지 볼게.

A I know we've got some tomato sauce and spaghetti in the cabinet.

B 응, 그리고 냉장고에 양파, 버섯, 브로콜리, 베이컨이 있어.

A I think it would taste better with some fresh tomatoes and basil. I'll grab those.

B 아주 좋아. 아, 그리고 치킨 스톡도 사다 줄래? 소스에 깊이를 더해 주는 육수 같은 거야.

A Aha, I'll pick that up, too. And I could really use some wine. What do you say?

B 완벽해. 그냥 확인하는 건데, 오늘 밤 네가 요리하는 거 맞지?

1. tomato의 미국식 발음은 2음절 강세로 /təˈmeɪtoʊ/[토메이로]처럼, 영국식 발음은 2음절 강세+장음으로 /təˈmɑːtoʊ/[토마-토]처럼 발음합니다.
2. basil은 1음절 강세로, 미국식은 /ˈbeɪzl/[베이즐], 영국식은 [배즐]처럼 발음합니다.

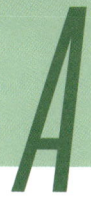

앞에서 배운 대화문의 상대방이 되어 직접 말해 보세요.

이번에는 A가 되어 대화해 보세요.

A (통화 중) 오늘 저녁에 토마토 파스타를 해 먹는 거 어때?

B Sounds good! Let me see what we've got.

A 수납장에 토마토 소스랑 스파게티는 있는 건 알아.

B Yep, and there are onions, mushrooms, broccoli, and bacon in the fridge.

A 신선한 토마토랑 바질이 있으면 더 맛있을 것 같아. 내가 사 갈게.

B Great. Oh, and can you get chicken stock as well? It's like broth that adds more depth to the sauce.

A 아하, 그럼 그것도 사 갈게. 그리고 난 와인이 있으면 정말 좋겠어. 넌 어때?

B Perfect. Just to confirm – you're the chef tonight, right?

오늘의 한 문장

I could really use some wine.
난 와인이 있으면 정말 좋겠어.

Unit 57: Long Weekend Plans 연휴 낀 주말 계획

 Do you have any plans for the long weekend?

 Yeah, I'm going to hit the outlet mall tomorrow. They've got some **BOGO** deals going on! And you?

 I'm just planning to stay in, rest, and binge some dramas.

 Nice, which ones?

 I'll probably just pick something new from the trending list. What time are you going to the mall?

 I want to beat the crowds, so probably right when they open. Do you want to come along?

 Actually, I'm really looking forward to just **loafing around at home**.

 Really? Won't you get bored?

 Nope. I'm a **homebody**, so I do need some **me-time** without leaving my place to recharge.

---

long weekend 주말에 더해 금요일이나 월요일이 휴일이 되는 경우 outlet mall 아웃렛
beat the crowds 혼잡을 피하다 come along 동행하다
look forward to -ing ~를 기대하다 recharge 재충전하다

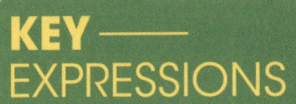

1. BOGO

'Buy One Get One'의 약자로, 한국에서의 '원 플러스 원(1+1)'과 같은 쇼핑 프로모션입니다. BOGO는 주로 미국에서 사용되며, 영국에서는 'BOGOF(Buy One Get One Free)'가 더 흔히 쓰입니다.

Don't buy it yet because there'll be a **BOGO** deal next week.
그거 다음 주에 1+1 행사할 거니까 아직 사지 마.

2. loaf around at home

동사로 쓰일 때 '어슬렁거리다'를 뜻하는 loaf와 '이리저리'의 around가 더해져서 '집에서 빈둥거리다'를 의미합니다. 생산적인 활동이나 뚜렷한 목적 없이 느긋한 상태를 말합니다.

I spent the entire weekend **loafing around at home**.
나는 주말 내내 집에서 빈둥거렸다.

3. homebody

외출의 즐거움보다 집안의 편안함을 선호하는 사람, 집에서 보내는 시간이 많은 사람을 뜻하며, 한국어의 '집돌이', '집순이'와 비슷한 표현입니다.

As a **homebody**, staying in feels like paradise.
집순이로서, 나는 집에 있는 게 천국처럼 느껴져.

4. me-time

'me-time'은 문자 그대로 '나만의 시간'이라는 뜻으로, 오롯이 자신의 필요와 욕구를 충족시키는 시간을 가리킵니다.

I do need some **me-time** to clear my head.
난 머리를 식힐 나만의 시간이 정말 필요해.

A 연휴 낀 주말에 계획 있어?
B 응, 내일 아웃렛에 갈 거야. 1+1 행사를 하더라고! 넌?
A 그냥 집에서 쉬면서 드라마나 정주행하려고.
B 좋네, 어떤 거?
A 아마 그냥 최근 인기 리스트에서 새로운 걸로 고를 거야. 아웃렛에는 몇 시에 갈 거야?
B 사람들 붐비는 걸 피하고 싶어서 문을 열자마자 갈 것 같아. 같이 갈래?
A 사실 난 집에서 그냥 빈둥대는 걸 정말 기대하고 있어.
B 정말? 지겹지 않겠어?
A 아니. 난 집순이라 재충전하려면 집밖으로 안 나가고 혼자만의 시간이 정말 필요해.

ROLE-PLAY TRAINING

먼저 B가 되어 대화해 보세요.

A Do you have any plans for the long weekend?

B 응, 내일 아웃렛에 갈 거야. 1+1 행사를 하더라고! 넌?

A I'm just planning to stay in, rest, and binge some dramas.

B 좋네, 어떤 거?

A I'll probably just pick something new from the trending list. What time are you going to the mall?

B 사람들 붐비는 걸 피하고 싶어서 문을 열자마자 갈 것 같아. 같이 갈래?

A Actually, I'm really looking forward to just loafing around at home.

B 정말? 지겹지 않겠어?

A Nope. I'm a homebody, so I do need some me-time without leaving my place to recharge.

1 recharge /riːˈtʃɑːrdʒ/는 1음절이 너무 짧지 않게, 2음절은 강세+장음을 살려 [뤼차-ㅈ]에 가깝게 발음합니다.

2 outlet /ˈaʊtlet/은 1음절 강세로 [out]의 음가를 높이고 out과 let 사이에 아주 약간의 멎음이 느껴지도록 [아울렡]처럼 발음합니다. 아울렛(x)

앞에서 배운 대화문의 상대방이 되어 직접 말해 보세요.

이번에는 A가 되어 대화해 보세요.

A 연휴 낀 주말에 계획 있어?

B Yeah, I'm going to hit the outlet mall tomorrow. They've got some BOGO deals going on! And you?

A 그냥 집에서 쉬면서 드라마나 정주행하려고.

B Nice, which ones?

A 아마 그냥 최근 인기 리스트에서 새로운 걸로 고를 거야. 아웃렛에는 몇 시에 갈 거야?

B I want to beat the crowds, so probably right when they open. Do you want to come along?

A 사실 난 집에서 그냥 빈둥대는 걸 정말 기대하고 있어.

B Really? Won't you get bored?

A 아니. 난 집순이라 재충전하려면 집밖으로 안 나가고 혼자만의 시간이 정말 필요해.

오늘의 한 문장

I'm really looking forward to just loafing around at home.

난 집에서 그냥 빈둥대는 걸 정말 기대하고 있어.

| 243

Unit 58 College Entrance Exam Day 수능일

 It's impressive how work hours are adjusted for college entrance exam test-takers in Korea!

Yeah, it's a huge deal here. The pressure is intense since it only happens once a year.

 That sounds **nerve-wracking**. I can't imagine **going through** something like that.

Doesn't the U.S. have anything similar?

 We do, but our entrance exams are offered multiple times a year.

Really? That sounds much more flexible.

 Do you know anyone taking the exam this year?

My younger cousin is. I sent her a box of taffy for good luck and really hope her hard work **pays off**.

 That's sweet. **Fingers crossed** for her!

---

college entrance exam 수능　impressive 인상적인　adjust 조정하다　pressure 압박감
intense 강렬한, 극심한　once a year 1년에 한 번　multiple times 여러 번　flexible 유연한
taffy 엿

KEY EXPRESSIONS

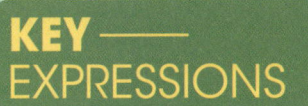

1. nerve-wracking(racking)

'신경'을 뜻하는 nerve와 '고문하는', '고통을 주는'을 뜻하는 racking이 결합한 단어로, '몹시 긴장되는', '안절부절못하게 하는', '신경을 곤두서게 하는'이라는 뜻입니다.

Waiting for the interview result was so nerve-wracking.
면접 결과를 기다리는 건 정말 안절부절할 일이었어.

2. go through

'(힘든 경험 등을) 겪다, 경험하다'로 쓰였습니다. 이외에도 '(과정을) 거치다,' '살펴보다, 조사하다', '(감정, 생각을) 겪다, 느끼다' 등의 뜻이 될 수 있어 문맥에 따라 적절한 해석이 필요합니다.

She's going through a tough time after losing her job.
그녀는 실직 후에 힘든 시기를 겪고 있어.

3. pay off

문맥에 따라 '성과를 내다', '보람이 있다', '보상받다' 또는 '빚을 전부 갚다'로 해석됩니다. '보상받다'의 의미일 때는 자동사로, '빚을 갚다'의 의미일 때는 타동사로 쓰입니다.

Investing in education always pays off in the long run.
교육에 투자하는 것은 장기적으로 항상 보상받는다.

4. fingers crossed

'행운을 빈다'라는 의미의 구어적 표현으로, 손가락을 교차시키는 제스처에서 유래했습니다. 'good luck'과 같이 '행운을 빈다'라는 의미로 자주 사용됩니다.

Fingers crossed the weather stays nice for our trip tomorrow!
내일 우리가 여행할 때도 날씨가 계속 이렇게 좋길 바라!

A 한국에서는 수능생들을 위해 근무 시간이 조정되는 게 인상 깊더라!
B 응, 여기서는 정말 큰일이거든. 1년에 딱 한 번만 있어서 압박감이 엄청나.
A 그거 참 신경이 곤두서겠다. 난 그런 걸 겪는 건 상상도 못 하겠어.
B 미국에도 비슷한 거 있지 않아?
A 있긴 한데, 우리 입학 시험은 1년에 여러 번 시행돼.
B 진짜? 훨씬 더 유연한 것 같네.
A 올해 시험 보는 사람 알아?
B 내 사촌 동생이 봐. 행운을 빌어 주려고 엿 한 상자를 보냈는데, 그녀의 노력이 꼭 보상받으면 좋겠어.
A 다정하네. 그녀가 잘 되길 바랄게!

ROLE-PLAY TRAINING

먼저 B가 되어 대화해 보세요.

A It's impressive how work hours are adjusted for college entrance exam test-takers in Korea!

B 응, 여기서는 정말 큰일이거든. 1년에 딱 한 번만 있어서 압박감이 엄청나.

A That sounds nerve-wracking. I can't imagine going through something like that.

B 미국에도 비슷한 거 있지 않아?

A We do, but our entrance exams are offered multiple times a year.

B 진짜? 훨씬 더 유연한 것 같네.

A Do you know anyone taking the exam this year?

B 내 사촌 동생이 봐. 행운을 빌어 주려고 엿 한 상자를 보냈는데, 그녀의 노력이 꼭 보상 받으면 좋겠어.

A That's sweet. Fingers crossed for her!

발음 tip

1 news/nuːz/는 장음으로 [누-ㅈ] 또는 [뉴-ㅈ]에 가까워, 'news about'을 연음으로 읽으면 [누-저바웉] 또는 [뉴-저바웉]에 가깝게 들립니다.
2 taffy/ˈtæfi/는 1음절 강세로, [태피] 또는 [타피]처럼 발음합니다.

이번에는 A가 되어 대화해 보세요.

 A 한국에서는 수능생들을 위해 근무 시간이 조정되는 게 인상 깊더라!

B Yeah, it's a huge deal here. The pressure is intense since it only happens once a year.

A 그거 참 신경이 곤두서겠다. 난 그런 걸 겪는 건 상상도 못 하겠어.

B Doesn't the U.S. have anything similar?

A 있긴 한데, 우리 입학 시험은 1년에 여러 번 시행돼.

B Really? That sounds much more flexible.

 A 올해 시험 보는 사람 알아?

B My younger cousin is. I sent her a box of taffy for good luck and really hope her hard work pays off.

 A 다정하네. 그녀가 잘 되길 바랄게!

오늘의 한 문장

Fingers crossed for her!
그녀가 잘 되길 바랄게!

Unit 59 On a Rainy Day 비 오는 날에

 Wow, you're **soaked**! Is it raining outside?

Yeah, it started pouring just as I was almost here.

 Just my luck — I washed my car this morning and left it outside. I should've checked the weather.

That's always such bad timing: rain right after a car wash.

 I know. Anyway, let's grab some coffee to warm up. What are you getting?

I could use a hazelnut latte on a day like this.

 I think I'll have the same and some cookies.

I'll go **freshen up** a bit. Can you **save us a seat** upstairs?

 Sure, let's sit by the window. It's nice to watch the rain from inside.

---

pour 쏟아지다, 비가 억수같이 쏟아지다   right after ~ 직후   upstairs 위층에

KEY EXPRESSIONS

1. soaked
'흠뻑 젖은', '물에 흠뻑 빠진' 상태를 묘사하는 표현입니다. 주로 비에 젖었을 때 사용하며, wet보다 강한 느낌을 전달합니다.

I got caught in the rain without an umbrella, and now I'm completely soaked.
우산 없이 비를 맞아서 완전히 젖었어.

2. Just my luck.
"내 운이 그렇지 뭐.", "또 이런 운이야."라는 뜻으로, 주로 안 좋은 일이 발생했을 때 체념하는 톤으로 사용됩니다.

I missed the last subway by a minute — just my luck!
마지막 지하철을 1분 차이로 놓쳤어. 내 운이 그렇지 뭐!

3. freshen up
단어 속 fresh에서 알 수 있듯이, 기본 개념은 '상쾌하게 하다'이지만 상황에 따라 '몸단장을 하다', '손을 씻다', '매무새를 다듬다', '화장을 고치다' 등으로 유연하게 해석합니다.

After the long flight, she went to the restroom to freshen up.
장거리 비행 후에 그녀는 화장실에 가서 간단히 몸단장을 했다.

4. save us a seat
'우리의 자리를 맡아 두다'라는 뜻으로, 'save a seat'은 사람이 많은 공간에서 특정인이나 그룹을 위해 자리를 확보하는 행위를 나타냅니다.

Can you save me a seat in the front row?
앞줄에 내 자리 하나 맡아 줄래?

A 와, 너 완전 젖었네! 밖에 비 와?
B 응, 여기 거의 다 와서 비가 쏟아지기 시작했어.
A 운도 없지, 오늘 아침에 세차하고 차를 밖에다 뒀는데. 날씨 좀 확인할 걸.
B 언제나 나쁜 타이밍이지, 세차 직후에 비 오는 거.
A 그러게. 아무튼 따뜻하게 커피 마시자. 뭐 마실 거야?
B 이런 날엔 헤이즐넛 라떼가 좋겠다.
A 나도 같은 걸로 하고 쿠키도 먹어야지.
B 난 가서 손을 좀 씻을게. 위층에 자리 좀 맡아 줄래?
A 물론, 창가 쪽에 앉자. 실내에서 비 내리는 거 보면 좋거든.

ROLE-PLAY TRAINING

먼저 B가 되어 대화해 보세요.

A Wow, you're soaked! Is it raining outside?

B **응, 여기 거의 다 와서 비가 쏟아지기 시작했어.**

A Just my luck — I washed my car this morning and left it outside. I should've checked the weather.

B **언제나 나쁜 타이밍이지, 세차 직후에 비 오는 거.**

A I know. Anyway, let's grab some coffee to warm up. What are you getting?

B **이런 날엔 헤이즐넛 라떼가 좋겠다.**

A I think I'll have the same and some cookies.

B **난 가서 손을 좀 씻을게. 위층에 자리 좀 맡아 줄래?**

A Sure, let's sit by the window. It's nice to watch the rain from inside.

1 should've는 [슈럽]에 가깝게 들립니다.
2 latte/lɑ:teɪ/는 1음절 강세+장음으로 [라-테이]처럼 발음합니다. 라떼(x)

앞에서 배운 대화문의 상대방이 되어 직접 말해 보세요.

이번에는 A가 되어 대화해 보세요.

A 와, 너 완전 젖었네! 밖에 비 와?

B Yeah, it started pouring just as I was almost here.

A 운도 없지, 오늘 아침에 세차하고 차를 밖에다 뒀는데. 날씨 좀 확인할 걸.

B That's always such bad timing: rain right after a car wash.

A 그러게. 아무튼 따뜻하게 커피 마시자. 뭐 마실 거야?

B I could use a hazelnut latte on a day like this.

A 나도 같은 걸로 하고 쿠키도 먹어야지.

B I'll go freshen up a bit. Can you save us a seat upstairs?

A 물론, 창가 쪽에 앉자. 실내에서 비 내리는 거 보면 좋거든.

오늘의 한 문장

I'll go freshen up a bit.
난 가서 손을 좀 씻을게.

Unit 60   Investment for the Future
미래를 위한 투자

Sam, is that an online class you're watching?

Yeah, I've started studying **real estate investment** for my future. I'm feeling so motivated.

Wow, isn't it difficult?

Not yet, maybe because I'm a **novice**. But I'm sure it'll get harder as the class advances.

I actually started investing in stocks a while ago.

Really? How's that going?

I'm still figuring things out, and it feels like **the more I learn, the more there is to learn**.

I get that. Since we're both in it for the long term, we'll need to keep studying.

Absolutely. Let's **keep it up** and share some tips along the way!

---

feel motivated 동기부여가 되다   advance 진전되다, 나아가다   stock 주식
for the long term 장기적으로   along the way 그 과정에서

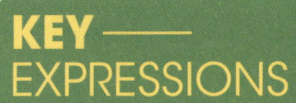

1. real estate investment

'부동산'을 뜻하는 'real estate'와 '투자'를 뜻하는 investment를 결합해 문자 그대로 '부동산 투자'를 나타냅니다. '주식 투자'는 'stock investment'라고 합니다.

He once made a fortune through real estate investment.
그는 부동산 투자로 한때 큰돈을 벌었다.

2. novice

'새로운'을 뜻하는 라틴어에서 유래하여, 어떤 분야에 경험이 적은 '초보', '신참'을 뜻합니다. 뒤에 직업이나 역할을 나타내는 단어를 붙여 'novice driver(초보 운전자)'처럼 쓸 수 있습니다.

He might be a novice in the kitchen, but his passion is remarkable.
그가 부엌에선 신참일지라도, 그의 열정은 대단하다.

3. The more ~, the more …

흔히 'the 비교급, the 비교급(~일수록 더욱 …이다)'으로 불리는 문장의 형태로, 콤마를 기준으로 앞뒤 모두 비교급 표현이 옵니다.

The more stressed I am, the more I eat sweets.
나는 스트레스를 받으면 받을수록 단것을 더 먹는다.

4. keep it up

직역은 '계속하다', '현 상태를 유지하다'로, 주로 명령이나 권유 형식 문장에서 이미 잘하고 있는 행동을 칭찬하는 동시에 계속하기를 격려할 때 쓰입니다.

Keep up the good work, and you'll get even better.
잘 하고 있으니 계속 열심히 하면 더욱 더 좋아질 거야.

 해석

A 샘, 지금 보고 있는 거 온라인 강의야?
B 응, 미래를 위해 부동산 투자 공부를 시작했어. 나 완전 동기부여 된 것 같아.
A 와, 어렵지 않아?
B 아직은 아니야, 아마 내가 초보라서 그럴지도 몰라. 근데 강의가 진행될수록 더 어려워지겠지.
A 난 사실 얼마 전에 주식 투자를 시작했어.
B 정말? 어떻게 되고 있어?
A 아직은 이것저것 알아가는 단계라서, 배울수록 배워야 할 게 더 많다는 느낌이 들어.
B 이해해. 우리 둘 다 장기적으로 하는 거니까 계속해서 공부해야 할 필요가 있지.
A 맞아. 계속해 나가면서 그 과정에서 서로 팁도 공유하자!

B ROLE-PLAY TRAINING

먼저 B가 되어 대화해 보세요.

A Sam, is that an online class you're watching?

B 응, 미래를 위해 부동산 투자 공부를 시작했어. 나 완전 동기부여 된 것 같아.

A Wow, isn't it difficult?

B 아직은 아니야, 아마 내가 초보라서 그럴지도 몰라. 근데 강의가 진행될수록 더 어려워지겠지.

A I actually started investing in stocks a while ago.

B 정말? 어떻게 되고 있어?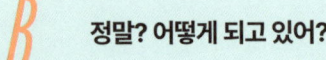

A I'm still figuring things out, and it feels like the more I learn, the more there is to learn.

B 이해해. 우리 둘 다 장기적으로 하는 거니까 계속해서 공부해야 할 필요가 있지.

A Absolutely. Let's keep it up and share some tips along the way!

1. 'keep it up'을 연음할 때 [킵뻬럽]처럼 들립니다. 키비럽(x)
2. 'real estate/riːəl ɪsteɪt/'은 두 단어로 이루어진 한 단어인 만큼, 띄지 않고 거의 붙여서 [뤼얼이ㅅ테잍]처럼 발음합니다. [real]의 음가가 높습니다.

앞에서 배운 대화문의 상대방이 되어 직접 말해 보세요.

이번에는 A가 되어 대화해 보세요.

A 샘, 지금 보고 있는 거 온라인 강의야?

B Yeah, I've started studying real estate investment for my future. I'm feeling so motivated.

A 와, 어렵지 않아?

B Not yet, maybe because I'm a novice. But I'm sure it'll get harder as the class advances.

A 난 사실 얼마 전에 주식 투자를 시작했어.

B Really? How's that going?

A 아직은 이것저것 알아가는 단계라서, 배울수록 배워야 할 게 더 많다는 느낌이 들어.

B I get that. Since we're both in it for the long term, we'll need to keep studying.

A 맞아. 계속해 나가면서 그 과정에서 서로 팁도 공유하자!

오늘의 한 문장

The more I learn, the more there is to learn.

배울수록 배워야 할 게 더 많아져.

Unit 61 Camping 캠핑

 Are you shopping for camping gear again?

 Yeah, the more I camp, the more stuff I seem to need. I guess camping is addictive.

 I've never been camping, so I'm curious. What's so great about it?

 It's nice to **get away from** the city and relax in nature, **zoning out** by the fire or under the stars.

 That sounds healing. What else do you do?

 It's mostly about food. It's almost like eating and cleaning, eating and cleaning.

 Oh, isn't cleaning up a **hassle**?

 It is, so we bring meal kits to minimize the trash and play board games to decide who does the dishes.

---

camping gear 캠핑 용품(장비)   addictive 중독성의   minimize 최소화하다   trash 쓰레기

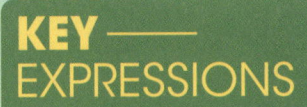

1. get away from ~

'~에서 벗어나다', '~를 떠나다'라는 뜻으로, 스트레스나 일상으로부터 도피하거나 휴식이 필요할 때 자주 사용됩니다.

Cycling helps me get away from the stress of daily life.
사이클링은 내가 일상의 스트레스에서 벗어나게 도와준다.

2. zone out

직역하면 '(정신이 머물러 있던) 구역을 벗어나다'라는 의미로, 한국어의 '멍 때리다'와 유사한 표현입니다. 캐주얼한 표현이고, 'space out'으로 대체할 수 있습니다.

I zoned out during the lecture and missed the main points.
난 강의 중에 멍 때려서 주요 내용을 놓쳤어.

3. It's mostly about ~

'대부분은 ~에 관한 것이다', 즉 '주로 ~이 핵심이다'라는 의미로, about 뒤에 명사나 동명사를 넣어 특정 활동의 특징이나 본질을 강조할 수 있습니다.

When I go shopping, it's mostly about shoes.
난 쇼핑을 가면 주로 신발이 핵심이야.

4. hassle

'귀찮은 일', '번거로움', '성가심'을 의미하며, 사물이나 행위뿐만 아니라 사람을 대상으로도 사용할 수 있습니다. 단, 사람에게 사용할 경우 무례하게 들릴 수 있으니 주의가 필요합니다.

Traveling with heavy luggage is always a hassle.
무거운 짐을 들고 여행하는 건 항상 번거롭다.

해석

A 너 또 캠핑 용품 쇼핑하는 거야?
B 응, 캠핑을 하면 할수록 필요한 게 늘어나는 것 같아. 캠핑도 중독되나 봐.
A 난 캠핑을 한 번도 안 가 봐서 궁금해. 뭐가 그렇게 좋아?
B 도심에서 벗어나 자연에서 쉴 수 있는 게 좋아, 불 근처나 별 아래서 멍 때리면서.
A 힐링되겠다. 또 어떤 걸 해?
B 대부분은 음식이 핵심이지. 거의 먹고 치우고, 먹고 치우고 해.
A 아, 치우는 거 완전 귀찮지 않아?
B 그렇지, 그래서 쓰레기를 최소화하려고 밀키트를 가져가고 보드 게임을 해서 설거지 당번을 정해.

ROLE-PLAY TRAINING

먼저 B가 되어 대화해 보세요.

A Are you shopping for camping gear again?

B 응, 캠핑을 하면 할수록 필요한 게 늘어나는 것 같아. 캠핑도 중독되나 봐.

A I've never been camping, so I'm curious. What's so great about it?

B 도심에서 벗어나 자연에서 쉴 수 있는 게 좋아, 불 근처나 별 아래서 멍 때리면서.

A That sounds healing. What else do you do?

B 대부분은 음식이 핵심이지. 거의 먹고 치우고, 먹고 치우고 해.

A Oh, isn't cleaning up a hassle?

B 그렇지, 그래서 쓰레기를 최소화하려고 밀키트를 가져가고 보드 게임을 해서 설거지 당번을 정해.

 발음 tip

1. 'cleaning up a ~'에서 [up a]를 연음할 때는 [업뻐]처럼 들립니다.
2. addictive/əˈdɪktɪv/는 2음절 강세로, [dic]의 음가를 높여 [어딕팁]처럼 발음합니다.

앞에서 배운 대화문의 상대방이 되어 직접 말해 보세요.

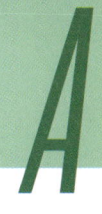

이번에는 A가 되어 대화해 보세요.

A 너 또 캠핑 용품 쇼핑하는 거야?

B Yeah, the more I camp, the more stuff I seem to need. I guess camping is addictive.

A 난 캠핑을 한 번도 안 가 봐서 궁금해. 뭐가 그렇게 좋아?

B It's nice to get away from the city and relax in nature, zoning out by the fire or under the stars.

A 힐링되겠다. 또 어떤 걸 해?

B It's mostly about food. It's almost like eating and cleaning, eating and cleaning.

A 아, 치우는 거 완전 귀찮지 않아?

B It is, so we bring meal kits to minimize the trash and play board games to decide who does the dishes.

오늘의 한 문장

Isn't cleaning up a hassle?
치우는 거 완전 귀찮지 않아?

Unit 62 After the Hike 등산 이후

You look tanned! Did you hit the beach or something?

I went hiking with friends over the weekend. The trails were packed with people.

How was it? Did you guys **make it** to the top?

It was pretty intense - steep and rocky, so we decided to take it easy and turned back at the midpoint.

I see. So did you head straight home after that?

No way! We went to this famous whole chicken soup place, and it was **out of this world**. You've got to try it!

That's tempting, but I'm on a diet.

It's actually **diet-friendly**: high-protein and low-fat!

Hmm, **you've sold me.** What's the name of the place?

---

tanned 햇볕에 탄   trail 길, 등산로   be packed with ~로 가득 차다   intense 힘든, 강렬한
steep 가파른   rocky 바위가 많은   turn back (갔던 길을) 되돌아오다   midpoint 중간
whole chicken soup 닭백숙   low-fat 저지방의

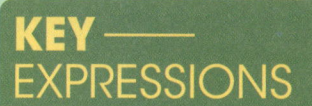

1. make it

기본 뜻은 '어떤 일을 해내다'로, 맥락에 따라 다양한 의미로 사용됩니다. to와 함께 사용되면 주로 '~에 도달하다', '(약속 장소에) 도착하다', '(행사에) 참석하다'라는 뜻으로 쓰입니다.

I couldn't **make it** to the store before it closed.
그 가게가 문 닫기 전에 도착을 못했어.

2. out of this world

문자 그대로 '세상에 없는'이라는 뜻으로, 현실을 초월할 정도로 훌륭하거나 특별한 무언가를 극찬할 때 쓰는 표현입니다. 대개 음식, 경험, 장소 등에 대해 감탄할 때 쓰입니다.

The band's performance was **out of this world**.
그 밴드의 공연은 상상 초월이었어.

3. diet-friendly

'다이어트에 친화적인'이라는 뜻입니다. 접미사 '-friendly'를 활용해 eco-friendly(환경 친화적인), user-friendly(사용자 친화적인), pet-friendly(반려동물 친화적인) 등과 같이 다양한 표현을 만들 수 있습니다.

This is a **budget-friendly** option for travelers who don't want to overspend. 이것은 과소비를 피하려는 여행객들에게 저렴한 선택지입니다.

4. You've sold me.

직역하면 "넌 나를 납득시켰어.", 즉 "나 설득됐어."라는 의미입니다. 무엇에 설득이 되었는지 언급하려면 'on+명사/동명사' 형태로 연결합니다.

You've sold me on trying yoga. I'll join you next week.
네 말을 듣고 요가를 해 보기로 했어. 다음 주에 같이 할게.

A 너 탄 것 같아! 해변이라도 다녀왔어?
B 주말에 친구들이랑 등산을 갔거든. 등산로가 사람들로 꽉 찼더라.
A 어땠어? 정상까지 갔어?
B 꽤 힘들었어. 가파르고 돌도 많아서 무리하지 않고 중간에 돌아오는 걸로 결정했어.
A 그랬구나. 그럼 그 후에 바로 집으로 갔어?
B 그럴 리가! 유명한 백숙 집에 갔는데 정말 끝내주게 맛있었어. 너도 꼭 먹어 봐야 해!
A 그거 솔깃하긴 한데, 나 다이어트 중이야.
B 사실 다이어트 친화적인 걸. 고단백에 저지방이니까!
A 음, 설득됐어. 그 식당 이름이 뭐야?

먼저 B가 되어 대화해 보세요.

A You look tanned! Did you hit the beach or something?

B 주말에 친구들이랑 등산을 갔거든. 등산로가 사람들로 꽉 찼더라.

A How was it? Did you guys make it to the top?

B 꽤 힘들었어. 가파르고 돌도 많고 그래서 무리하지 않고 중간에 돌아오는 걸로 결정했어.

A I see. So did you head straight home after that?

B 그럴 리가! 유명한 백숙 집에 갔는데 정말 끝내주게 맛있었어. 너도 꼭 먹어 봐야 해!

A That's tempting, but I'm on a diet.

B 사실 다이어트 친화적인 걸. 고단백에 저지방이니까!

A Hmm, you've sold me. What's the name of the place?

1. beach/biːtʃ/는 [bea] 부분이 장음이므로 [비이취]에 가깝게 입을 점차 양 옆으로 많이 벌리면서 발음합니다.
2. rocky/rɑːki/는 1음절 강세+장음으로, [롸-끼] 또는 [롹-키]에 가깝게 발음합니다.

앞에서 배운 대화문의 상대방이 되어 직접 말해 보세요.

이번에는 A가 되어 대화해 보세요.

A 너 탄 것 같아! 해변이라도 다녀왔어?

B I went hiking with friends over the weekend. The trails were packed with people.

A 어땠어? 정상까지 갔어?

B It was pretty intense — steep and rocky, so we decided to take it easy and turned back at the midpoint.

A 그랬구나. 그럼 그 후에 바로 집으로 갔어?

B No way! We went to this famous whole chicken soup place, and it was out of this world. You've got to try it!

A 그거 솔깃하긴 한데, 나 다이어트 중이야.

B It's actually diet-friendly: high-protein and low-fat!

A 음, 설득됐어. 그 식당 이름이 뭐야?

오늘의 한 문장

It's actually diet-friendly.
사실 다이어트 친화적이야.

Unit 63　Medical Check-up 건강 검진

 Ella, have you ever had a medical check-up?

 I had one last year, covered by our company's health care plan. What about you?

 I've never had one. But lately, I've been feeling tired and **having indigestion**, so I'm considering it.

 That's a good idea. A check-up can help figure out what's going on.

 Should I? I'm actually a bit scared.

 It's probably **nothing serious**. Do you have any other symptoms?

 Not really. I had a bad flu last winter, and it might be the **after-effects** of that.

 That could be it, but a full check-up will give you **peace of mind**.

 You're right. Thanks for the advice.

---

medical check-up 건강 검진　symptom 증상, 증세

KEY EXPRESSIONS

1. have indigestion

indigestion은 '소화'를 가리키는 digestion 앞에 부정의 in을 붙인 단어로, 이 표현은 '소화 불량을 앓다'라는 뜻입니다. '속이 쓰리다', '더부룩하다' 등의 증상을 통틀어 말합니다.

I think I have **indigestion** from eating too much greasy food last night.
어젯밤에 기름진 걸 너무 많이 먹어서 그런가 소화 불량이 있어.

2. nothing serious

'심각하지 않은 것', '별일 아닌 것'을 의미하여, 주로 상황을 가볍게 만들거나 상대방의 걱정을 덜어 주기 위해 사용합니다.

There's an issue with the project, but it's **nothing serious**.
프로젝트에 문제가 있긴 한데, 별일은 아닙니다.

3. after-effect

'후유증', '잔존 효과'를 뜻하는 이 표현은 사건, 행동, 또는 경험이 끝난 후에도 지속적으로 남는 영향을 폭 넓게 의미합니다.

I frequently coughed for a while as an **after-effect** of COVID.
나는 코로나 후유증으로 한동안 기침을 자주 했다.

4. peace of mind

'마음의 평안', '안심', 또는 '걱정 없는 상태'를 뜻합니다. 주로 어떤 일이 잘 해결되었거나 불확실성을 줄여 안도감을 느끼는 상황에서 사용됩니다.

Travel insurance gives me **peace of mind** when I go abroad.
해외 여행을 갈 때 여행자 보험이 있으면 안심이 돼.

A 엘라, 건강 검진 받아 본 적 있어?
B 작년에 회사에서 지원해 주는 걸로 받아 봤어. 넌?
A 난 한 번도 안 받아 봤어. 근데 요즘 계속 피곤하고 소화도 잘 안 돼서 고려 중이야.
B 좋은 생각이야. 검진 받으면 무슨 일인지 파악하는 데 도움이 될 거야.
A 그래야 할까? 사실 약간 겁이 나.
B 아마 심각한 건 아닐 거야. 다른 증상도 있어?
A 딱히 없어. 지난겨울에 심한 독감에 걸렸는데, 그 후유증일 수도 있고.
B 그럴 수도 있겠지만 전체적으로 검진을 받으면 마음이 편해질 거야.
A 네 말이 맞아. 조언 고마워.

ROLE-PLAY TRAINING

먼저 B가 되어 대화해 보세요.

A Ella, have you ever had a medical check-up?

B **작년에 회사에서 지원해 주는 걸로 받아 봤어. 넌?**

A I've never had one. But lately, I've been feeling tired and having indigestion, so I'm considering it.

B **좋은 생각이야. 검진 받으면 무슨 일인지 파악하는 데 도움이 될 거야.**

A Should I? I'm actually a bit scared.

B **아마 심각한 건 아닐 거야. 다른 증상도 있어?**

A Not really. I had a bad flu last winter, and it might be the after-effects of that.

B **그럴 수도 있겠지만 전체적으로 검진을 받으면 마음이 편해질 거야.**

A You're right. Thanks for the advice.

발음 tip
1. probably /ˈprɑːbəbli/는 1음절 강세+장음으로, [프롸-버블리]처럼 발음합니다.
2. symptom의 [p]는 묵음은 아니지만 세게 발음되지 않아 [씸텀]처럼 들립니다.

앞에서 배운 대화문의 상대방이 되어 직접 말해 보세요.

이번에는 A가 되어 대화해 보세요.

A 엘라, 건강 검진 받아 본 적 있어?

B I had one last year, covered by our company's health care plan. What about you?

A 난 한 번도 안 받아 봤어. 근데 요즘 계속 피곤하고 소화도 잘 안 돼서 고려 중이야.

B That's a good idea. A check-up can help figure out what's going on.

A 그래야 할까? 사실 약간 겁이 나.

B It's probably nothing serious. Do you have any other symptoms?

A 딱히 없어. 지난겨울에 심한 독감에 걸렸는데, 그 후유증일 수도 있고.

B That could be it, but a full check-up will give you peace of mind.

A 네 말이 맞아. 조언 고마워.

오늘의 한 문장

A full check-up will give you peace of mind.
전체적으로 검진을 받으면 마음이 편해질 거야.

Unit 64 At a Brunch Café 브런치 카페에서

 Could you tell me about some of your popular dishes?

 Certainly! Our Eggs Benedict is very popular.

 Do you have any combo menus?

 We have breakfast combo and an omelet combo with your choice of **fillings**.

 What's included in the breakfast combo?

 It comes with **eggs any style**, bacon, sausage, toast, salad, and coffee.

 Great. I'll have the breakfast combo. Is it possible to **switch** the coffee **for** apple juice?

 No problem. How would you like your eggs — scrambled, sunny-side up, over easy, or poached?

 Scrambled, please. And can I have the bacon **extra crispy**, please?

---

combo menu 세트 메뉴   come with ~이 달려 있다, ~이 함께 나오다

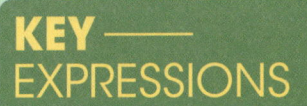

1. filling

filling을 명사로 쓰면 주로 파이, 샌드위치, 오믈렛 등 음식의 '소', '속재료'를 말하며, 그 종류가 여럿일 땐 s를 붙여 fillings로 표현합니다.

She made dumplings from scratch, carefully wrapping the **fillings** in thin dough.
그녀는 얇은 반죽에 속재료를 정성껏 싸 넣으며 만두를 직접 빚었다.

2. eggs any style

'원하는 방식으로 요리한 계란'이라는 뜻으로, scrambled(스크램블), sunny-side up(한 쪽만 익힌), over easy(한 쪽은 거의 다, 한 쪽은 뒤집어서 살짝 익힌), 또는 poached(수란) 중에 선택합니다.

When it comes to **eggs any style**, nothing beats soft scrambled.
원하는 방식으로 요리한 계란에 있어서라면, 부드러운 스크램블이 최고야.

3. switch A for B

switch는 '교체하다', '바꾸다'라는 의미로, 'switch A for B'는 'A를 B로 바꾸다'입니다. 'change A to B(A를 B로 바꾸다)'로도 사용할 수 있습니다.

Can I **switch** the fries **for** onion rings?
감자튀김을 어니언링으로 바꿀 수 있을까요?

4. extra crispy

'extra crispy'는 '바삭하게 완전히 익힌' 상태를 의미합니다. 베이컨, 프렌치프라이, 토스트 등 주로 튀김류나 구운 음식을 대상으로 사용됩니다.

I asked for **extra crispy** bacon. 난 베이컨을 완전히 바삭하게 해 달라고 요청했어.

해석

A 인기 있는 요리 몇 가지를 알려 주실 수 있나요?
B 물론입니다! 저희 에그 베네딕트가 아주 인기 있어요.
A 세트 메뉴도 있나요?
B 조식 세트, 그리고 원하시는 재료로 만들어 드리는 오믈렛 세트가 있습니다.
A 조식 세트에는 뭐가 포함되나요?
B 원하시는 스타일의 계란, 베이컨, 소시지, 토스트, 샐러드, 그리고 커피가 나옵니다.
A 좋네요. 조식 세트로 할게요. 커피 대신 사과 주스로 주문하는 것도 가능한가요?
B 문제없습니다. 계란은 어떻게 해 드릴까요? 스크램블, 써니 사이드업, 오버 이지, 아니면 수란 중에요.
A 스크램블로 해 주세요. 그리고 베이컨은 완전히 바삭하게 구워 주시겠어요?

ROLE-PLAY TRAINING

먼저 B가 되어 대화해 보세요.

A Could you tell me about some of your popular dishes?

B 물론입니다! 저희 에그 베네딕트가 아주 인기 있어요.

A Do you have any combo menus?

B 조식 세트, 그리고 원하시는 재료로 만들어 드리는 오믈렛 세트가 있습니다.

A What's included in the breakfast combo?

B 원하시는 스타일의 계란, 베이컨, 소시지, 토스트, 샐러드, 그리고 커피가 나옵니다.

A Great. I'll have the breakfast combo. Is it possible to switch the coffee for apple juice?

B 문제없습니다. 계란은 어떻게 해 드릴까요? 스크램블, 써니 사이드업, 오버 이지, 아니면 수란 중에요.

A Scrambled, please. And can I have the bacon extra crispy, please?

 발음 tip

1. possible/pɑ:səbl/은 1음절 강세+장음으로, [파-써블]처럼 발음합니다. 파씨블(x)
2. omelet/ɑ:mlət/은 2음절짜리 단어이며, 1음절 강세+장음으로 [암-렡]에 가깝게 발음합니다. 오믈렛(x)

이번에는 A가 되어 대화해 보세요.

A 인기 있는 요리 몇 가지를 알려 주실 수 있나요?

B Certainly! Our Eggs Benedict is very popular.

A 세트 메뉴도 있나요?

B We have breakfast combo and an omelet combo with your choice of fillings.

A 조식 세트에는 뭐가 포함되나요?

B It comes with eggs any style, bacon, sausage, toast, salad, and coffee.

A 좋네요. 조식 세트로 할게요. 커피 대신 사과 주스로 주문하는 것도 가능한가요?

B No problem. How would you like your eggs - scrambled, sunny-side up, over easy, or poached?

A 스크램블로 해 주세요. 그리고 베이컨은 완전히 바삭하게 구워 주시겠어요?

오늘의 한 문장

Can I have the bacon extra crispy, please?
베이컨은 완전히 바삭하게 구워 주시겠어요?

Unit 65 April Fool's Day 만우절

 Hey, I have to confess. This is my last day at work.

What?! You're quitting? Are you serious?

 Yeah, I've decided to travel around the world for a year. I feel like **it's now or never.**

Wow, that's huge. But what am I going to do without you? Does everyone else know?

 Not yet. I wanted to tell you first.

Oh, I feel so honored… but also betrayed! Why didn't you **give me a heads-up**?

 Oh my gosh, you're too easy! It's April Fool's Day! I was just **messing with** you.

What?! Ugh, you're so annoying. I almost cried!

 That means I'm a good actress! Maybe I should really quit and **take up** acting.

April Fool's Day 만우절 confess 고백하다 quit 그만두다 serious 진지한
feel betrayed 배신감을 느끼다 annoying 짜증나는

KEY EXPRESSIONS

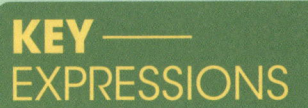

1. It's now or never.

"지금이 아니면 안 돼."라는 뜻으로, 다시 오지 않을 기회를 아주 강하게 표현합니다. 긴박감과 결단력을 요구하는 상황이나, 그런 마음가짐을 나타낼 때 쓰입니다.

This is our only chance to see the sunrise. It's now or never!
이건 우리가 해돋이를 볼 유일한 기회야. 지금이 아니면 안 돼!

2. give (someone) a heads-up

구기 스포츠에서 날아오는 공을 조심하라는 의미로 "Heads up!(고개 들어!)"이라고 소리치던 것이 '알림', '경고'로 굳어져 'give (someone) a heads-up'이 되었습니다. '(~에게) 미리 알려 주다'라는 의미입니다.

Can you give me a heads-up if you're going to be late for dinner? 저녁 식사에 늦을 것 같으면 미리 알려 줄 수 있겠어?

3. mess with ~

'건드리다', '까불다', '괴롭히다', '간섭하다'라는 뜻입니다. 맥락에 따라 의미가 다양하며, 항상 부정적인 것만은 아니고 친밀한 사이의 가벼운 장난을 뜻할 때도 있습니다.

You can use my computer, but don't mess with the settings.
내 컴퓨터를 써도 되는데, 설정은 건드리지 마.

4. take up

여러 가지 뜻 중 새로운 취미나 활동을 '배우다', '시작하다'라는 뜻으로 쓰인 경우로, 주로 여가 시간을 활용하거나 자기 계발을 위해 무언가를 배울 때 사용되는 표현입니다.

After retiring, he took up painting to keep himself busy.
퇴직 후 그는 바쁘게 지내기 위해 그림 그리기를 시작했다.

해석

A 있잖아, 고백해야겠어. 나 오늘이 회사 마지막 날이야.
B 뭐?! 관둔다고? 진심이야?
A 응, 1년 동안 세계 여행을 하기로 결정했어. 지금이 아니면 못 할 것 같아서.
B 와, 대단하다. 근데 너 없으면 나는 어떡하라고? 다른 사람들은 알고 있어?
A 아직. 제일 먼저 너한테 말하고 싶었어.
B 오, 감동이긴 한데... 동시에 배신감도 드네! 왜 미리 말을 안 해 줬어?
A 이럴 수가, 너 진짜 속이기 쉽다! 오늘 만우절이잖아! 그냥 장난친 거야.
B 뭐?! 아 진짜, 너 너무 짜증나. 나 울 뻔했다고!
A 그럼 내가 좋은 여배우라는 거네! 나 진짜 회사 그만두고 연기를 배워야 할까 봐.

먼저 B가 되어 대화해 보세요.

A Hey, I have to confess. This is my last day at work.

B 뭐?! 관둔다고? 진심이야?

A Yeah, I've decided to travel around the world for a year. I feel like it's now or never.

B 와, 대단하다. 근데 너 없으면 나는 어떡하라고? 다른 사람들은 알고 있어?

A Not yet. I wanted to tell you first.

B 오, 감동이긴 한데… 동시에 배신감도 드네! 왜 미리 말을 안 해 줬어?

A Oh my gosh, you're too easy! It's April Fool's Day! I was just messing with you.

B 뭐?! 아 진짜, 너 너무 짜증나. 나 울 뻔했다고!

A That means I'm a good actress! Maybe I should really quit and take up acting.

1. 'decided to'를 연음할 때는 [디싸이릳투] 또는 [디싸이딛투]처럼 소리납니다. 강세가 있는 [ci]의 음가를 높여 주세요.
2. honored/ɑːnərd/의 h는 묵음이고, 1음절 강세+장음으로 [아-너드]에 가깝게 발음합니다.

이번에는 A가 되어 대화해 보세요.

A 있잖아, 고백해야겠어. 나 오늘이 회사 마지막 날이야.

B What?! You're quitting? Are you serious?

A 응, 1년 동안 세계 여행을 하기로 결정했어. 지금이 아니면 못 할 것 같아서.

B Wow, that's huge. But what am I going to do without you? Does everyone else know?

A 아직. 제일 먼저 너한테 말하고 싶었어.

B Oh, I feel so honored... but also betrayed! Why didn't you give me a heads-up?

A 이럴 수가, 너 진짜 속이기 쉽다! 오늘 만우절이잖아! 그냥 장난친 거야.

B What?! Ugh, you're so annoying. I almost cried!

A 그럼 내가 좋은 여배우라는 거네! 나 진짜 회사 그만두고 연기를 배워야 할까 봐.

오늘의 한 문장

I was just messing with you.
그냥 장난친 거야.

Unit 66 Free Time Activities 여가 활동

 What do you like to do in your free time?

I'm crazy about windsurfing. I go to the lake whenever I can, except in winter.

 Oh, how long have you been windsurfing?

About 10 years. I even work as a **part-time** instructor during the **peak season**.

 Wow, you must really love it.

It's so much fun and a great way to **stay in shape**. Do you play any sports?

 No, I**'m not very athletic**. I used to do Pilates, but I've been taking a break.

So, how do you usually spend your free time?

 Recently, I've been into cooking and photographing my dishes.

---

except ~을 제외하고 instructor 강사 Pilates 필라테스 photograph ~의 사진을 찍다

KEY EXPRESSIONS

1. part-time

'시간제', '아르바이트' 개념의 근무를 의미합니다. 참고로, '아르바이트생'은 part-timer라고 하고, '정규 직원'은 full-time employee라고 합니다.

I work part-time at the mall while attending college.
전 대학에 다니면서 백화점에서 아르바이트를 해요.

2. peak season

'고점'을 의미하는 peak를 사용하여 특정 상품, 서비스, 관광지, 또는 산업에서 가장 수요가 많고 활동이 활발할 때, 즉 '성수기'를 뜻합니다. 참고로, 비수기는 'off season'입니다.

Wedding planners are fully booked during the peak season.
성수기에는 웨딩 플래너들의 예약이 꽉 찹니다.

3. stay in shape

'좋은 몸 상태를 유지하다'라는 뜻입니다. shape은 '모양'을 뜻하지만, 여기서는 눈에 보이는 '몸매'뿐 아니라 체력, 건강, 신체 기능, 컨디션 등을 복합적으로 아우릅니다.

Swimming twice a week helps me stay in shape.
주 2회 수영이 내 건강을 유지하는 데 도움이 돼.

4. be not very athletic

athletic은 운동 능력이 뛰어난 사람을 가리키는 말로, 'be not very athletic'은 '운동 신경이 별로 뛰어나지 않다'라는 표현이 됩니다. 관용적으로 '운동에 관심이 없다'를 이렇게 말하기도 합니다.

Even though I'm not very athletic, I love playing badminton.
난 운동 신경이 좋지는 않지만, 배드민턴을 치는 건 좋아해.

A 여가 시간에 주로 뭐 하는 걸 좋아하세요?
B 윈드서핑에 완전 빠져 있어요. 겨울 빼고는 갈 수 있을 때마다 호수에 가요.
A 오, 윈드서핑은 얼마나 오래 하셨어요?
B 10년 정도요. 성수기에는 파트타임 강사로 일하기도 해요.
A 와, 진짜 좋아하시나 봐요.
B 정말 재미있고 체력 유지에도 좋아요. 운동 하는 거 있으세요?
A 아뇨, 전 그다지 운동 체질이 아니에요. 예전에 필라테스를 했는데, 지금은 쉬고 있어요.
B 그럼 주로 여가 시간을 어떻게 보내세요?
A 최근에는 요리를 하고 음식 사진을 찍는 데 빠져 있어요.

먼저 B가 되어 대화해 보세요.

A What do you like to do in your free time?

B 윈드서핑에 완전 빠져 있어요. 겨울 빼고는 갈 수 있을 때마다 호수에 가요.

A Oh, how long have you been windsurfing?

B 10년 정도요. 성수기에는 파트타임 강사로 일하기도 해요.

A Wow, you must really love it.

B 정말 재미있고 체력 유지에도 좋아요. 운동 하는 거 있으세요?

A No, I'm not very athletic. I used to do Pilates, but I've been taking a break.

B 그럼 주로 여가 시간을 어떻게 보내세요?

A Recently, I've been into cooking and photographing my dishes.

발음 tip
1. Pilates/pɪˈlɑːtiːz/는 2음절 강세+장음, 3음절 장음으로 [la]의 음가를 높고 길게 [필라-리-ㅈ] 또는 [필라-티-ㅈ]처럼 발음합니다. 필라테스(x)
2. athletic/æθˈletɪk/은 2음절 강세로, [le]의 음가를 높여 [애뜰레릭] 또는 [애뜰레틱]처럼 발음합니다.

> 앞에서 배운 대화문의 상대방이 되어 직접 말해 보세요.

이번에는 A가 되어 대화해 보세요.

A 여가 시간에 주로 뭐 하는 걸 좋아하세요?

B I'm crazy about windsurfing. I go to the lake whenever I can, except in winter.

A 오, 윈드서핑은 얼마나 오래 하셨어요?

B About 10 years. I even work as a part-time instructor during the peak season.

A 와, 진짜 좋아하시나 봐요.

B It's so much fun and a great way to stay in shape. Do you play any sports?

A 아뇨, 전 그다지 운동 체질이 아니에요. 예전에 필라테스를 했는데, 지금은 쉬고 있어요.

B So, how do you usually spend your free time?

A 최근에는 요리를 하고 음식 사진을 찍는 데 빠져 있어요.

오늘의 한 문장

I'm not very athletic.
전 그다지 운동 체질이 아니에요.

Unit 67   A New Place 새 집

 Hey Jen, how's the apartment **hunt** going?

 Guess what! I just **signed the lease** for a place close to work.

 That's awesome! How close is it?

 It's only 5 minutes away by bike or 15 minutes **on foot**.

 Wow, you're going to save so much time on your commute. What's the apartment like?

 It was recently renovated, so everything is clean. The bathroom's a bit tight, but it doesn't bother me that much.

 I can't wait to see. When are you moving in?

 Early next month. I'll **throw a housewarming party** once I'm settled.

 Great! Let me know if you need help with the move.

apartment 아파트   close 가까운   awesome 멋진, 좋은   renovate 수리하다, 개조하다
tight 비좁은   bother 괴롭히다, 거슬리게 하다   settled 자리를 잡은   move 이사

KEY EXPRESSIONS

1. hunt

hunt는 '물색', '사냥'이라는 의미로, 여기서는 물색 대상이 아파트(apartment)인 경우와 결합하여 'apartment hunt'가 되었습니다. '구직 활동'은 'job hunt'라고 합니다.

I'm on a **job hunt** right now, so my schedule is pretty packed with interviews.
저는 지금 구직 활동 중이라, 면접으로 일정이 꽤 차 있어요.

2. sign the lease

lease는 '임대차 계약', sign은 '서명하다'로, 'sign a lease'는 집, 사무실 등의 장기 임대를 위해 '임대 계약서에 서명하다'라는 뜻입니다.

I finally **signed the lease** for my dream house yesterday.
드디어 어제 내가 꿈에 그리던 집을 임대 계약했어.

3. on foot

'두 발로 걸어서', '도보로'라는 뜻으로, 'by walking'으로 대체할 수 있습니다.

The drugstore is only 10 minutes away **on foot**.
그 약국은 걸어서 10분 거리야.

4. throw a (housewarming) party

'throw a party'는 '파티를 열다'라는 뜻으로, birthday party(생일 파티), surprise party(깜짝 파티), farewell party(송별회 파티) 등 다양한 파티에 사용할 수 있습니다.

Should we **throw an end-of-year party** or a New Year's party?
우리 송년회를 할까, 신년회를 할까?

A 젠, 아파트 찾는 건 어떻게 되어 가?
B 있잖아! 나 회사 근처에 있는 집으로 방금 계약했어.
A 잘됐네! 얼마나 가까운데?
B 자전거로는 5분, 걸어서는 15분밖에 안 걸려.
A 와, 통근 시간을 엄청 아끼겠다. 집은 어때?
B 최근에 수리해서 다 깨끗해. 화장실이 좀 작은데, 그렇게 거슬리진 않아.
A 빨리 보고 싶다. 언제 이사해?
B 다음 달 초에. 정리 되는 대로 집들이 할게.
A 좋아! 이사하는 데 도움이 필요하면 알려 줘.

ROLE-PLAY TRAINING

먼저 B가 되어 대화해 보세요.

A Hey Jen, how's the apartment hunt going?

B 있잖아! 나 회사 근처에 있는 집으로 방금 계약했어.

A That's awesome! How close is it?

B 자전거로는 5분, 걸어서는 15분밖에 안 걸려.

A Wow, you're going to save so much time on your commute. What's the apartment like?

B 최근에 수리해서 다 깨끗해. 화장실이 좀 작은데, 그렇게 거슬리진 않아.

A I can't wait to see. When are you moving in?

B 다음 달 초에. 정리 되는 대로 집들이 할게.

A Great! Let me know if you need help with the move.

1. awesome /ɔːsəm/은 1음절 강세+장음으로, [아-썸] 또는 [어-썸]처럼 발음합니다.
2. close는 형용사, 부사일 땐 /kloʊs/[클로ㅅ], 동사일 땐 /kloʊz/[클로ㅈ]처럼 발음합니다.

앞에서 배운 대화문의 상대방이 되어 직접 말해 보세요.

이번에는 A가 되어 대화해 보세요.

A 젠, 아파트 찾는 건 어떻게 되어 가?

B Guess what! I just signed the lease for a place close to work.

A 잘됐네! 얼마나 가까운데?

B It's only 5 minutes away by bike or 15 minutes on foot.

A 와, 통근 시간을 엄청 아끼겠다. 집은 어때?

B It was recently renovated, so everything is clean. The bathroom's a bit tight, but it doesn't bother me that much.

A 빨리 보고 싶다. 언제 이사해?

B Early next month. I'll throw a housewarming party once I'm settled.

A 좋아! 이사하는 데 도움이 필요하면 알려 줘.

오늘의 한 문장

It doesn't bother me that much.
그렇게 거슬리진 않아.

Unit 68 Choosing Gifts 선물 고르기

I'm not sure what to get for Jen's housewarming. Have you shopped yet?

Not yet, but I was thinking of **kitchenware** since Jen loves cooking.

True, but she might already have everything she needs.

Good point. What about some plants? You can't go wrong with plant decor.

But she's not good at growing plants. Even **low-maintenance** ones might not last a month.

Hmm, **it's the thought that counts.** I'm sure she'll appreciate whatever we give her.

I still want to find a nice gift – something stylish and practical.

How about we check out some **home decor** stores at the mall together?

Sounds good. Are you free tomorrow?

go wrong 실패하다, 잘못하다　plant decor 식물 장식　be good at ~을 잘하다
last 지속되다, 버티다　appreciate 고마워하다　practical 실용적인

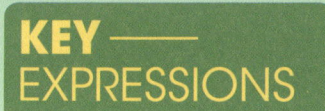

1. kitchenware

ware은 '만들어진 제품'을 가리키는 단어로, kitchenware는 '주방용품류'를 포괄적으로 의미합니다. 식탁에서 쓰는 물건은 tableware, 유리로 된 제품은 glassware라고 합니다.

Non-stick pan is the most popular kitchenware in Korea.
코팅 팬이 한국에서 가장 잘나가는 주방용품이야.

2. low-maintenance

maintenance가 '유지', '보수', '관리'를 뜻하기에, low와 합쳐 '손이 적게 가는'을 의미하게 됩니다. 사람이나 관계에 대해서는 '요구하는 것이 적은', '까다롭지 않은'으로 쓰이기도 합니다.

I've come to prefer low-maintenance hairstyles.
난 점점 손이 덜 가는 헤어스타일이 좋아지더라.

3. It's the thought that counts.

count가 '중요하다'라는 뜻으로 쓰여, '결국 중요한 건 생각[마음]이다'라는 문장입니다. thought 자리에 중요한 대상을 다른 것으로 바꿔 연습해 보세요.

The quote "It's the courage to continue that counts" is often attributed to Winston Churchill.
"중요한 것은 계속할 용기다"라는 인용구는 종종 윈스턴 처칠의 말로 여겨진다.

4. home decor

'꾸밈', '장식(물)'을 뜻하는 decor은 프랑스어 décor에서 유래된 단어입니다. 장식하는 대상에 따라 wedding decor(결혼식 장식), holiday decor(명절 장식)처럼 사용할 수 있습니다.

I love the cozy vibe of your home decor with plush rugs!
푹신한 러그로 꾸민 너희 집의 아늑한 분위기가 참 좋아!

A 젠의 집들이 선물로 뭘 사야 할지 모르겠어. 넌 샀어?
B 아직, 근데 젠이 요리하는 걸 좋아하니까 주방용품을 생각 중이었어.
A 맞아, 근데 이미 필요한 걸 다 갖고 있을 것 같아.
B 좋은 지적이야. 식물은 어때? 식물 장식은 실패할 일이 없잖아.
A 근데 걔 식물 키우는 거 잘 못해. 관리하기 쉬운 것조차 한 달도 못 갈 수도 있어.
B 흠, 마음이 중요하지. 우리가 뭘 줘도 젠은 좋아할 거야.
A 그래도 멋진 선물을 찾고 싶어, 뭔가 스타일리시하고 실용적인 거.
B 백화점에 있는 홈 데코 매장들을 같이 둘러보는 게 어때?
A 좋아. 내일 시간 돼?

ROLE-PLAY TRAINING

먼저 B가 되어 대화해 보세요.

A: I'm not sure what to get for Jen's housewarming. Have you shopped yet?

B: **아직, 근데 젠이 요리하는 걸 좋아하니까 주방용품을 생각 중이었어.**

A: True, but she might already have everything she needs.

B: **좋은 지적이야. 식물은 어때? 식물 장식은 실패할 일이 없잖아.**

A: But she's not good at growing plants. Even low-maintenance ones might not last a month.

B: **흠, 마음이 중요하지. 우리가 뭘 줘도 젠은 좋아할 거야.**

A: I still want to find a nice gift — something stylish and practical.

B: **백화점에 있는 홈 데코 매장들을 같이 둘러보는 게 어때?**

A: Sounds good. Are you free tomorrow?

발음 tip

1. decor/deɪkɔːr/의 미국식 발음은 2음절 강세로 [cor]의 음가를 높여 [데이코어]처럼 소리 내고, 영국식 발음은 1음절 강세로 [de]의 강세를 높입니다.
2. whatever/wət'evər/은 2음절 강세로 [e]의 음가를 높여 [와레버]에 가깝게 발음합니다.

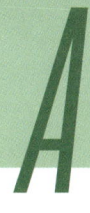

앞에서 배운 대화문의 상대방이 되어 직접 말해 보세요.

이번에는 A가 되어 대화해 보세요.

A 젠의 집들이 선물로 뭘 사야 할지 모르겠어. 넌 샀어?

B Not yet, but I was thinking of kitchenware since Jen loves cooking.

A 맞아, 근데 이미 필요한 걸 다 갖고 있을 것 같아.

B Good point. What about some plants? You can't go wrong with plant decor.

A 근데 걔 식물 키우는 거 잘 못해. 관리하기 쉬운 것조차 한 달도 못 갈 수도 있어.

B Hmm, it's the thought that counts. I'm sure she'll appreciate whatever we give her.

A 그래도 멋진 선물을 찾고 싶어, 뭔가 스타일리시하고 실용적인 거.

B How about we check out some home decor stores at the mall together?

A 좋아. 내일 시간 돼?

오늘의 한 문장

It's the thought that counts.

마음이 중요하지.

Unit 69 Housewarming Party 집들이

Hey guys! I'm so glad you made it.

Hi Jen! Congrats on the new place! We got this for you.

Oh, thanks a ton. Let me give you a quick tour — this is the kitchen, and this is the living room.

It's so cozy. I love the couch and the rug!

The primary bedroom's to the right, and I **turned** the smaller room **into** a **walk-in closet**. Now, let's **dig in**!

Can I use the bathroom first?

Of course, it's right across from the primary.

… Wow, everything looks so delicious! Did you make all of this yourself?

Not even close. Just the best takeout in town plated by me. Save room for tiramisu!

---

cozy 아늑한 couch 소파 rug 러그, 카펫 primary bedroom 주 침실 across from ~의 맞은편에

1. turn A into B

'A를 B로 바꾸다'라는 뜻입니다. 물리적, 기능적, 추상적인 변화를 모두 의미할 수 있으며, 자연스럽거나 순리적인 변화보다는 '의도적으로' 바꾸는 경우에 쓰입니다.

Turning her ideas **into** a successful business took many failures.

그녀의 아이디어를 성공적인 사업으로 바꾸는 데는 수많은 실패가 필요했다.

2. walk-in closet

한국어로 '드레스룸' 또는 '대형 옷장'이라는 뜻으로, walk-in과 closet이 함께 사용되어 '걸어 들어갈 수 있는 널찍한 옷장'을 나타냅니다.

I've always dreamed of having a spacious **walk-in closet**.

나는 항상 큰 드레스룸을 꿈꿔 왔다.

3. dig in

캐주얼한 대화에서 '먹다', '먹기 시작하다'라는 의미로 사용됩니다. 음식을 파고들면서 먹는 모습을 연상하면 됩니다.

Pizza is here! **Dig in** while it's hot! 피자 왔다! 따뜻할 때 어서 먹어!

4. Not even close.

직역하면 "근접하지도 않아."라는 의미로, 상대방의 질문에 강한 부정을 나타내거나 상대의 과장된 칭찬에 겸손하게 반응할 때 사용됩니다.

A: You almost look like a professional!
B: **Not even close.** I'm just a novice.

A: 너 거의 프로 같아 보인다! / B: 전혀 아니야. 그냥 초보인걸.

해석

A 얘들아! 와 줘서 너무 기뻐.
B 안녕, 젠! 새로운 집 축하해! 우리가 이거 사 왔어.
A 오, 정말 고마워. 얼른 집 구경시켜 줄게. 여기가 부엌이고, 여기가 거실이야.
B 진짜 아늑하다. 소파랑 러그가 너무 예뻐!
A 오른쪽에 있는 게 안방이고, 작은 방은 드레스룸으로 바꿨어. 자, 이제 먹어 보자!
B 우선 나 화장실 좀 써도 될까?
A 당연하지, 안방 바로 맞은편에 있어.
B … 와, 다 정말 맛있어 보여! 너 혼자 이걸 다 만들었어?
A 그럴 리가. 내가 플레이팅한 동네 최고의 포장 음식이지. 티라미수 먹을 배는 남겨 둬!

B ROLE-PLAY TRAINING

먼저 B가 되어 대화해 보세요.

A Hey guys! I'm so glad you made it.

B **안녕, 젠! 새로운 집 축하해! 우리가 이거 사 왔어.**

A Oh, thanks a ton. Let me give you a quick tour — this is the kitchen, and this is the living room.

B **진짜 아늑하다. 소파랑 러그가 너무 예뻐!**

A The primary bedroom's to the right, and I turned the smaller room into a walk-in closet. Now, let's dig in!

B **우선 나 화장실 좀 써도 될까?**

A Of course, it's right across from the primary.

B **… 와, 다 정말 맛있어 보여! 너 혼자 이걸 다 만들었어?**

A Not even close. Just the best takeout in town plated by me. Save room for tiramisu!

발음 tip

1. 'walk-in closet /wɔːk ɪn ˈklɑːzɪt/'에서 [walk]의 k은 묵음으로 하고 [워-킨 클라-짙]처럼 발음합니다.
2. tiramisu /ˌtɪrəˈmiːsuː/는 3음절 강세로, [mi]의 음가를 높여 [티롸밋쑤-]처럼 발음합니다.

앞에서 배운 대화문의 상대방이 되어 직접 말해 보세요.

이번에는 A가 되어 대화해 보세요.

A 얘들아! 와 줘서 너무 기뻐.

B Hi Jen! Congrats on the new place! We got this for you.

A 오, 정말 고마워. 얼른 집 구경시켜 줄게. 여기가 부엌이고, 여기가 거실이야.

B It's so cozy. I love the couch and the rug!

A 오른쪽에 있는 게 안방이고, 작은 방은 드레스룸으로 바꿨어. 자, 이제 먹어 보자!

B Can I use the bathroom first?

A 당연하지, 안방 바로 맞은편에 있어.

B ... Wow, everything looks so delicious! Did you make all of this yourself?

A 그럴 리가. 내가 플레이팅한 동네 최고의 포장 음식이지. 티라미수 먹을 배는 남겨 둬!

오늘의 한 문장

I turned the smaller room into a walk-in closet.
작은 방은 드레스룸으로 바꿨어.

Unit 70 Experience at Restaurants
식당에서의 경험

 Tasha, have you ever been to that Italian place near the city hall?

 I have, but I wouldn't really recommend it.

 Oh, why not? It looks fancy from the outside, so I was thinking of taking my girlfriend.

 Their portions are pretty big, but the pasta is kind of **bland**, and pizza is too greasy.

 Hmm, that doesn't sound very **appetizing**.

 How about the one on Main Street? It's a bit **pricey**, but everything on the menu is excellent.

 Oh, is that the one you booked for your boss the other day?

 Right. She's **a regular** there. You should make a reservation if you want to sit by the window.

 Got it. Thanks for the tip!

---

city hall 시청 fancy 화려한, 멋진 portion 양 greasy 기름진 book 예약하다
make a reservation 예약하다

KEY EXPRESSIONS

1. bland

음식의 맛이 약하거나 자극적이지 않을 때 사용하는 표현으로, 부정적인 맥락에서 맛이 '밋밋하다' 또는 '심심하다'라는 뜻입니다.

The soup was bland for me, so I had to add a lot of salt.
그 수프는 내 입맛에는 싱거워서 소금을 많이 넣어야 했다.

2. appetizing

식사 전 식욕을 돋우기 위해 먹는 '전채 요리'를 appetizer라고 하고, appetizing은 '식욕을 돋우는' 또는 '맛있어 보이는'이라는 의미입니다. 반대말은 unappetizing입니다.

She posted photos of appetizing dishes on her social media.
그녀는 소셜 미디어에 먹음직스러워 보이는 음식 사진을 올렸다.

3. pricey

가격을 뜻하는 price에 형용사화 접미사인 -y를 더해 '비싼'을 뜻하는 형용사가 되었습니다. expensive와 같은 의미이지만, pricey는 캐주얼한 상황에서 더 자주 사용됩니다.

The hotel was pricey, but the stunning view made it worth every penny.
호텔은 비쌌지만, 멋진 경치 덕분에 한 푼도 아깝지 않았다.

4. a regular

'특정 장소를 정기적으로, 자주 방문하는 사람', 즉 '단골'을 뜻합니다. 어떤 곳의 단골인지를 나타내려면 뒤에 'at+장소'의 형태를 사용합니다.

I'm a regular at this gym, and I know most of the trainers.
난 이 헬스장의 단골이라 대부분의 트레이너를 안다.

A 타샤, 시청 근처에 있는 이탈리안 식당 가 본 적 있어요?
B 네, 있어요. 근데 딱히 추천하진 않을래요.
A 오, 왜요? 외관이 화려해 보이길래 여자친구를 데려갈까 했거든요.
B 거기 양은 꽤 많은데, 파스타는 좀 싱겁고 피자는 너무 기름져요.
A 흠, 입맛이 돋진 않네요.
B 메인 가에 있는 곳은 어때요? 조금 비싸긴 한데, 모든 메뉴가 훌륭하거든요.
A 아, 거기가 지난번에 상사 분을 예약해 드렸던 곳인가요?
B 맞아요. 그녀는 거기 단골이에요. 창가 자리에 앉고 싶으면 예약을 하는 게 좋을 거예요.
A 알겠어요. 팁 고마워요!

ROLE-PLAY TRAINING

먼저 B가 되어 대화해 보세요.

A   Tasha, have you ever been to that Italian place near the city hall?

B   **네, 있어요. 근데 딱히 추천하진 않을래요.**

A   Oh, why not? It looks fancy from the outside, so I was thinking of taking my girlfriend.

 B   **거기 양은 꽤 많은데, 파스타는 좀 싱겁고 피자는 너무 기름져요.**

A   Hmm, that doesn't sound very appetizing.

 B   **메인 가에 있는 곳은 어때요? 조금 비싸긴 한데, 모든 메뉴가 훌륭하거든요.**

A   Oh, is that the one you booked for your boss the other day?

 B   **맞아요. 그녀는 거기 단골이에요. 창가 자리에 앉고 싶으면 예약을 하는 게 좋을 거예요.**

A   Got it. Thanks for the tip!

발음 tip

1. greasy는 1음절 강세+장음으로 /griːzi/[그뤼-지] 또는 /griːsi/[그뤼-씨]로 발음이 가능합니다.
2. 'book a table'에서 'book a'를 연음할 때 [브꺼]에 가깝게 소리 납니다. 북어(x)

이번에는 A가 되어 대화해 보세요.

A 타샤, 시청 근처에 있는 이탈리안 식당 가 본 적 있어요?

B I have, but I wouldn't really recommend it.

A 오, 왜요? 외관이 화려해 보이길래 여자친구를 데려갈까 했거든요.

B Their portions are pretty big, but the pasta is kind of bland, and pizza is too greasy.

A 흠, 입맛이 돋진 않네요.

B How about the one on Main Street? It's a bit pricey, but everything on the menu is excellent.

A 아, 거기가 지난번에 상사 분을 예약해 드렸던 곳인가요?

B Right. She's a regular there. You should make a reservation if you want to sit by the window.

A 알겠어요. 팁 고마워요!

오늘의 한 문장

She's a regular there.
그녀는 거기 단골이에요.

Unit 71 Happy Birthday 생일 축하

 Happy birthday, Ella! Did you have dinner yet?

 Oh, you remembered! Thanks! Now my stomach is growling.

 You definitely **deserve** a break. That's why Paul and I booked a table for us at a sushi place nearby!

 Wow, that's so thoughtful! Thank you, **it means a lot to me.**

 Our pleasure! Let's just enjoy the night and not talk about work, okay?

 Agreed. What time should we head out?

 I **made the reservation for** 8PM, so in about half an hour.

 Perfect. I'll **wrap up** by then.

---

growl 꼬르륵거리다 **nearby** 근처에 **thoughtful** 사려 깊은, 친절한

KEY EXPRESSIONS

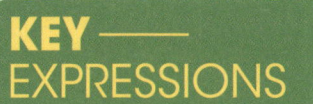

1. deserve

'~할 자격이 있다', '~받을 만하다', '~해야 마땅하다', 혹은 '~해도 싸다'라는 뜻으로, 긍정적 또는 부정적 상황에서 모두 사용 가능합니다.

This movie deserves more attention, and I want to blame the marketing.
이 영화는 더 많은 관심을 받을 자격이 있는데, 난 마케팅을 탓하고 싶어.

2. It means a lot to me.

"나에게 큰 의미가 있다.", "나에게 정말 중요하다.", "나를 감동시킨다."와 같이 주관적인 인정과 감사를 전달하는 표현입니다.

Your support during the hard times means a lot to me.
힘들 때 네가 도와줬던 일들은 나에게 큰 의미가 있어.

3. make a reservation for ~

식당, 호텔 등을 '예약하다'라는 표현인 'make a reservation' 뒤에 for을 사용해 예약 시간, 사람, 또는 목적을 나타낼 수 있습니다.

Can I make a reservation for 2 people for 7:30 tonight?
오늘 저녁 7시 30분에 두 명 예약이 가능할까요?

4. wrap up

wrap은 '감싸다', up은 '완전히'의 의미로, '완전히 감싸다'에서 발전해 '마무리하다', '끝내다'라는 뜻으로 널리 쓰이게 되었습니다.

Let's wrap up our discussion before lunch.
점심 전에 우리의 논의를 마무리합시다.

A 생일 축하해, 엘라! 저녁은 먹었어?
B 오, 기억하고 있었네! 고마워! 이제 배가 꼬르륵거리네.
A 넌 확실히 쉴 자격이 있어. 그래서 폴이랑 내가 근처 초밥 집에 테이블을 예약해 뒀지!
B 와, 정말 생각 많이 해 줬네! 고마워, 나에게 정말 큰 의미가 있어.
A 우리도 기쁜걸! 오늘 밤은 그냥 즐기고 일 얘기는 하지 말자, 알겠지?
B 동의해. 몇 시에 나가면 돼?
A 8시로 예약했으니까, 한 30분 정도 후에.
B 완벽해. 그때까지 마무리할게.

먼저 B가 되어 대화해 보세요.

A Happy birthday, Ella! Did you have dinner yet?

B 오, 기억하고 있었네! 고마워! 이제 배가 꼬르륵거리네.

A You definitely deserve a break. That's why Paul and I booked a table for us at a sushi place nearby!

B 와, 정말 생각 많이 해 줬네! 고마워, 나에게 정말 큰 의미가 있어.

A Our pleasure! Let's just enjoy the night and not talk about work, okay?

B 동의해. 몇 시에 나가면 돼?

A I made the reservation for 8PM, so in about half an hour.

B 완벽해. 그때까지 마무리할게.

 발음 tip

1. agreed/əˈɡriːd/는 2음절 강세+장음으로 [a]는 짧게, [greed]는 약간 높고 길게 발음해 주세요.
2. 'wrap up'을 연음할 때는 [랩뻡]처럼 들립니다. 랩업(x)

이번에는 A가 되어 대화해 보세요.

A 생일 축하해, 엘라! 저녁은 먹었어?

B Oh, you remembered! Thanks! Now my stomach is growling.

A 넌 확실히 쉴 자격이 있어. 그래서 폴이랑 내가 근처 초밥 집에 테이블을 예약해 뒀지!

B Wow, that's so thoughtful! Thank you, it means a lot to me.

A 우리도 기쁜걸! 오늘 밤은 그냥 즐기고 일 얘기는 하지 말자, 알겠지?

B Agreed. What time should we head out?

A 8시로 예약했으니까, 한 30분 정도 후에.

B Perfect. I'll wrap up by then.

오늘의 한 문장

I made the reservation for 8PM.
8시로 예약했어.

Unit 72 Growing Plants 식물 키우기

 Good grief, I've killed another rosemary plant at home.

 Oh no, sorry to hear that. Herb plants can be tricky.

 I thought I was taking really good care of it this time.

 Why don't you try some easy ones, like succulents?

 That's actually the one I kept the longest, but I finally killed it, too.

 Most plants just need the right amount of water and sunlight to grow.

 I know, but for me, **it's easier said than done.** I guess I just don't **have a green thumb** like you do.

 I'm sure you'll **get there** with a little more practice.

 Maybe I'll just buy artificial plants. They'll stay green no matter what!

---

tricky 까다로운 succulent 다육 식물 amount 양 sunlight 햇빛
artificial plant 인공 식물(조화) no matter what 무슨 일이 있어도

KEY EXPRESSIONS

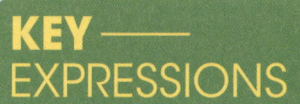

1. Good grief.

'슬픔', '비탄'을 뜻하는 grief를 사용해 놀람, 실망, 짜증, 혼란, 당혹감 등의 부정적 감정을 표현합니다. 뜻은 "맙소사.", "어휴.", "세상에.", "아이고." 등입니다.

Good grief, we missed the last bus! 맙소사, 우리가 마지막 버스를 놓쳤다니!

2. It's easier said than done.

직역하면 "하는 것보다 말하는 게 쉽다.", 즉 "실제로는 어렵다."라는 의미입니다. 우리말로는 "말은 쉽지."라는 뜻입니다.

A digital detox might sound simple, but **it's easier said than done**.
디지털 디톡스가 간단하게 들릴 수 있지만, 말처럼 쉽지 않다.

3. have a green thumb

직역은 '녹색 엄지를 지니다'로, 식물을 잘 키우는 능력을 비유적으로 나타내는 표현입니다. 식물을 많이 만지면 수액이 손에 묻어 녹색이 된다는 것에서 유래되었습니다.

My neighbor **has a green thumb**; his garden is full of vibrant plants all seasons.
내 이웃은 식물 키우는 재주가 좋아서 그의 정원은 사계절 생기 넘치는 식물들로 가득하다.

4. get there

'거기에 도달하다'라는 뜻으로, 대화문에서처럼 어떤 목표를 '이루다', '해내다', '원하는 상태에 도달하다'라는 비유적인 표현으로 자주 사용됩니다.

You will **get there** eventually although it's not an easy road.
쉬운 길이 아니지만, 넌 결국 해낼 수 있을 거야.

해석

A 아이고, 나 또 집에 있는 로즈마리 화분을 죽였어.
B 저런, 안타깝네. 허브 식물들은 까다로울 수 있어.
A 이번엔 진짜 잘 돌보고 있다고 생각했는데.
B 다육 식물처럼 쉬운 것들을 시도해 보는 건 어때?
A 사실 그게 내가 가장 오래 키웠던 건데, 결국 그것도 죽였지.
B 대부분의 식물은 적당한 양의 물과 햇빛만 있으면 잘 자라.
A 알지만 내겐 말처럼 쉽지가 않아. 난 그냥 너처럼 식물을 잘 키우는 재능이 없는 것 같아.
B 조금만 더 연습하면 분명히 잘하게 될 거야.
A 차라리 그냥 조화나 살까 봐. 무슨 일이 있어도 녹색일 테니까!

먼저 B가 되어 대화해 보세요.

A Good grief, I've killed another rosemary plant at home.

B **저런, 안타깝네. 허브 식물들은 까다로울 수 있어.**

A I thought I was taking really good care of it this time.

B **다육 식물처럼 쉬운 것들을 시도해 보는 건 어때?**

A That's actually the one I kept the longest, but I finally killed it, too.

B **대부분의 식물은 적당한 양의 물과 햇빛만 있으면 잘 자라.**

A I know, but for me, it's easier said than done. I guess I just don't have a green thumb like you do.

B **조금만 더 연습하면 분명히 잘하게 될 거야.**

A Maybe I'll just buy artificial plants. They'll stay green no matter what!

1 said는 [쌔-ㄷ]처럼 발음합니다. 쎄이드(x)
2 succulent/sʌkjələnt/는 1음절 강세로 [썩큘런트]처럼 발음합니다.

앞에서 배운 대화문의 상대방이 되어 직접 말해 보세요.

이번에는 A가 되어 대화해 보세요.

A 아이고, 나 또 집에 있는 로즈마리 화분을 죽였어.

B Oh no, sorry to hear that. Herb plants can be tricky.

A 이번엔 진짜 잘 돌보고 있다고 생각했는데.

B Why don't you try some easy ones, like succulents?

A 사실 그게 내가 가장 오래 키웠던 건데, 결국 그것도 죽였지.

B Most plants just need the right amount of water and sunlight to grow.

A 알지만 내겐 말처럼 쉽지가 않아. 난 그냥 너처럼 식물을 잘 키우는 재능이 없는 것 같아.

B I'm sure you'll get there with a little more practice.

A 차라리 그냥 조화나 살까 봐. 무슨 일이 있어도 녹색일 테니까!

오늘의 한 문장

It's easier said than done.
말처럼 쉽지가 않아.

Unit 73 Test Prep 시험 준비

 How's the certification studying going?

 It's **overwhelming**. I barely sleep and study all day, but I still don't feel confident.

 I was in your shoes last year, so I totally get it. But you do need breaks and sleep to focus better.

 I don't know... I'm **running out of** time, and every minute not studying feels wasted.

 I know how you feel, but even a short break will help.

 Really? Honestly, I've been so stressed studying non-stop.

 Just step outside for 10 minutes to get some sunlight and take a 20-minute power nap.

 That actually sounds nice. I'll give it a try.

 You've got this! Just **hang in there** for a few more days.

---

certification 자격증 barely 거의 ~ 않다 confident 자신 있는 totally 완전히
take a nap 낮잠을 자다 give ~ a try ~을 한 번 해 보다

KEY EXPRESSIONS

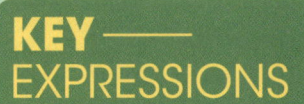

1. overwhelming

기본 뜻은 '벅찬', '압도적인'입니다. '감격스러운', '벅차오르는'이라는 긍정적 의미일 때도 있고, '버거운', '스트레스를 주는'이라는 부정적 의미일 때도 있습니다.

Standing under the night sky full of stars was an overwhelming experience.
별이 가득한 밤하늘 아래에 서 있는 건 압도적인 경험이었다.

2. I was in your shoes.

직역은 "내가 네 신을 신었다."인데, 관용적으로 shoes에는 '입장'이라는 의미가 있어 "나도 너와 같은 처지였다."라고 해석합니다.

I know how hard it is to look for a decent job because I was in your shoes last year.
나도 작년에 네 처지에 있어 봤기 때문에 쓸 만한 일자리 찾기가 얼마나 힘든지 알아.

3. run out of ~

'~가 부족하다', '~가 소진되다'를 뜻하며, time과 같이 추상적 자원뿐만 아니라 money, gas, water과 같은 물리적 자원 및 patience, motivation과 같은 감정적 자원에 모두 사용됩니다.

I have a week left until payday, but I've run out of money.
월급일까지 1주일 남았는데 돈이 다 떨어졌어.

4. hang in there

직역은 '그곳에 매달리다'로, '버티다', '참다'를 의미하여 인내의 자세를 가리키거나 격려하고픈 마음을 나타낼 때 씁니다. 비슷한 표현으로 'keep going', 'stay strong' 등이 있습니다.

Hang in there, it's already Thursday. 조금만 참아, 벌써 목요일이야.

해석

A 자격증 공부는 어떻게 되어 가?
B 너무 벅차. 잠도 거의 안 자고 하루 종일 공부하는데, 여전히 자신이 없어.
A 나도 작년에 너와 같은 입장이었으니 완전 이해해. 근데 더 잘 집중하려면 휴식과 잠이 정말 필요해.
B 모르겠어... 시간이 모자라고, 공부하지 않는 모든 시간이 아깝게 느껴져.
A 나도 그 기분 알아, 근데 짧은 휴식이라도 도움이 될 거야.
B 정말? 솔직히 안 쉬고 공부하느라 엄청 스트레스 받긴 했어.
A 딱 10분만 밖으로 나가 햇빛을 쬐고 20분만 깊은 낮잠을 자 봐.
B 진짜 괜찮게 들리네. 한 번 해 볼게.
A 넌 할 수 있어! 며칠만 더 버텨.

ROLE-PLAY TRAINING

먼저 B가 되어 대화해 보세요.

A How's the certification studying going?

B **너무 벅차. 잠도 거의 안 자고 하루 종일 공부하는데, 여전히 자신이 없어.**

A I was in your shoes last year, so I totally get it. But you do need breaks and sleep to focus better.

B **모르겠어… 시간이 모자라고, 공부하지 않는 모든 시간이 아깝게 느껴져.**

A I know how you feel, but even a short break will help.

B **정말? 솔직히 안 쉬고 공부하느라 엄청 스트레스 받긴 했어.**

A Just step outside for 10 minutes to get some sunlight and take a 20-minute power nap.

B **진짜 괜찮게 들리네. 한 번 해 볼게.**

A You've got this! Just hang in there for a few more days.

발음 tip

1. certification/ˌsɜːrtɪfɪˈkeɪʃn/은 1음절 장음, 4음절 강세로, [ca]의 음가를 높여 [써-티피케이션]처럼 발음합니다. [ti]는 [리]처럼 발음할 수도 있습니다.
2. wasted/ˈweɪstɪd/는 1음절 강세로, [웨이스틷]처럼 발음합니다.

앞에서 배운 대화문의 상대방이 되어 직접 말해 보세요.

이번에는 A가 되어 대화해 보세요.

A 자격증 공부는 어떻게 되어 가?

B It's overwhelming. I barely sleep and study all day, but I still don't feel confident.

A 나도 작년에 너와 같은 입장이었으니 완전 이해해. 근데 더 잘 집중하려면 휴식과 잠이 정말 필요해.

B I don't know… I'm running out of time, and every minute not studying feels wasted.

A 나도 그 기분 알아, 근데 짧은 휴식이라도 도움이 될 거야.

B Really? Honestly, I've been so stressed studying non-stop.

A 딱 10분만 밖으로 나가 햇빛을 쬐고 20분만 깊은 낮잠을 자 봐.

B That actually sounds nice. I'll give it a try.

A 넌 할 수 있어! 며칠만 더 버텨.

오늘의 한 문장

I was in your shoes last year, so I totally get it.
나도 작년에 너와 같은 입장이었으니 완전 이해해.

Unit 74 Good News 좋은 소식

Lisa, you**'re glowing**! Do you have any good news?

Yes, I do! I **got promoted** at work, and they've given me a more flexible schedule.

That's awesome! You totally deserve it.

And I finally saved up enough to buy that new car I've **had my eye on**. I'm getting it next week.

Wow, things are really looking up for you!

There's more. My boyfriend and I set the date for our wedding, and we found the perfect apartment.

Oh my gosh, Lisa! You**'re on a roll**! I couldn't be happier for you.

Thanks! How about a small get-together next weekend? My treat!

I'm in! Just tell me when and where.

save up (돈을) 모으다 look up (사업, 사람의 상황 등이) 나아지다 set the date 날짜를 정하다 get-together 모임 My treat 내가 낼게

KEY EXPRESSIONS

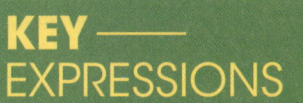

1. be glowing

glow는 '빛을 내다'라는 의미로, 사람에게 쓰면 '낯빛이 좋아 보인다', 즉 '행복하고 건강해 보인다'가 됩니다.

Good thing you didn't cancel your vacation. You **are glowing** after your vacation!
너 휴가 취소 안 하길 정말 잘했다. 휴가를 다녀온 이후로 생기가 가득해 보여!

2. get promoted

promote는 '승진시키다'라는 뜻으로, 'get/be promoted'와 같이 수동형으로 쓰면 '승진되다', 곧 '승진하다'를 의미합니다.

She **got promoted** twice in just three years at her company.
그녀는 회사에서 3년 만에 두 번 승진했다.

3. have one's eye on ~

특정 대상에 대한 소유욕, 목표 의식 때문에 '눈독을 들이다', '주시하다'라는 의미입니다. 이 표현에서 eye만 복수인 eyes로 바꾸면 '관찰하다', '감시하다'라는 의미가 됩니다.

I **have my eye on** that red dress for the party next week.
다음 주 파티를 위해서 난 그 빨간 드레스를 눈여겨보고 있다.

4. be on a roll

주사위를 쓰는 도박에서 높은 숫자가 연달아 나오거나 운이 좋을 때를 가리키는 것에서 유래해 '잘 나가다', '승승장구하다'를 의미하게 되었습니다.

Isn't it your fifth medal this year? You **are** really **on a roll**!
그거 올해 다섯 번째 메달 아니야? 너 완전 승승장구하는구나!

해석

A 리사, 얼굴 좋아 보인다! 좋은 소식이라도 있어?
B 응, 있어! 회사에서 승진했고, 근무 시간도 더 유연하게 해 줬어.
A 대박이다! 넌 충분히 그럴 자격이 있지.
B 그리고 드디어 눈독 들이던 새 차를 살 만큼 돈을 모았어. 다음 주에 살 거야.
A 와, 모든 게 정말 다 잘 되어 가고 있네!
B 소식이 더 있어. 남자친구랑 결혼식 날짜를 정했고, 완벽한 아파트도 찾았어.
A 세상에, 리사! 완전 승승장구네! 이보다 더 기쁠 수가 없어.
B 고마워! 다음 주말에 작은 모임 어때? 내가 쏠게!
A 좋아! 시간이랑 장소만 알려 줘.

ROLE-PLAY TRAINING

먼저 B가 되어 대화해 보세요.

A Lisa, you're glowing! Do you have any good news?

B 응, 있어! 회사에서 승진했고, 근무 시간도 더 유연하게 해 줬어.

A That's awesome! You totally deserve it.

B 그리고 드디어 눈독 들이던 새 차를 살 만큼 돈을 모았어. 다음 주에 살 거야.

A Wow, things are really looking up for you!

B 소식이 더 있어. 남자친구랑 결혼식 날짜를 정했고, 완벽한 아파트도 찾았어.

A Oh my gosh, Lisa! You're on a roll! I couldn't be happier for you.

B 고마워! 다음 주말에 작은 모임 어때? 내가 쏠게!

A I'm in! Just tell me when and where.

발음 tip

1. promote/prəˈmoʊt/는 2음절 강세로, promoted도 [mo]의 음가를 높여 [프로모팉] 또는 [프로모립]처럼 발음합니다.
2. schedule은 1음절 강세로 미국식은 /ˈskedʒuːl/[스케쥴-], 영국식은 /ˈʃedjuːl/[셰듈-] 처럼 발음합니다.

앞에서 배운 대화문의 상대방이 되어 직접 말해 보세요.

이번에는 A가 되어 대화해 보세요.

A 리사, 얼굴 좋아 보인다! 좋은 소식이라도 있어?

B Yes, I do! I got promoted at work, and they've given me a more flexible schedule.

A 대박이다! 넌 충분히 그럴 자격이 있지.

B And I finally saved up enough to buy that new car I've had my eye on. I'm getting it next week.

A 와, 모든 게 정말 다 잘 되어 가고 있네!

B There's more. My boyfriend and I set the date for our wedding, and we found the perfect apartment.

A 세상에, 리사! 완전 승승장구네! 이보다 더 기쁠 수가 없어.

B Thanks! How about a small get-together next weekend? My treat!

A 좋아! 시간이랑 장소만 알려 줘.

오늘의 한 문장

You're on a roll!

완전 승승장구네!

Unit 75   Learning Dilemma 배움의 딜레마

 Now that my big test is over, I deserve something fun whether I pass it or not.

I remember you wanted to take dance classes, right?

 Yeah, but I'm worried since I **have two left feet**. I'm so clumsy **when it comes to** dancing.

That's exactly why you need lessons!

 But I'm really shy about dancing with other people in class.

How about taking a one-on-one lesson? You'll pick it up quickly!

 I'd be so nervous with all the attention on me.

Then why don't you watch some easy **tutorials** on YouTube to **warm up** first?

 I actually tried that before, but I gave up.

---

take classes 수업을 듣다   **clumsy** 서투른, 어설픈, 부주의한   **one-on-one** 1대 1의
pick up 배우다, 익히다   **attention** 관심, 주목   **give up** 포기하다

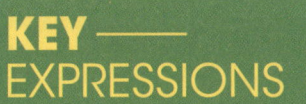

KEY EXPRESSIONS

1. have two left feet

직역하면 '왼발이 두 개이다'라는 뜻입니다. 리듬감이나 순발력이 부족해 신체 활동, 특히 운동이나 춤이 서투른 사람을 표현하는 말로, 한국어의 '몸치이다'와 비슷합니다.

I avoid dancing at parties because I have two left feet.
난 몸치라서 파티에 가면 춤추기를 피해.

2. when it comes to ~

특정 주제나 상황에 대해 이야기할 때 사용되는 표현으로, '~에 대해 말하자면', '~에 관해서라면' 정도로 해석합니다. 표현 뒤에는 명사나 동명사가 나옵니다.

When it comes to learning languages, repetition is key.
언어 학습에 있어서라면, 반복이 핵심이야.

3. tutorial

일반적으로 초보자를 위한 기초 정보를 포함하여 특정 주제에 대해 가르치거나 안내하는 '자료', '수업', 또는 '프로그램'을 말합니다.

These days, you can easily find and follow tutorials on almost any topic on YouTube.
요즘은 거의 모든 분야의 튜토리얼을 유튜브에서 쉽게 보고 따라 할 수 있다.

4. warm up

원래 뜻은 '따뜻하게 하다'이며, 특정 상태나 활동에 본격적으로 돌입하기 전 천천히 몸이나 마음을 적응시키는 것을 말합니다. 우리말로는 '준비하다', '몸을 풀다'라는 의미입니다.

I always warm up before my workout.
나는 운동 전에 항상 몸을 풀어.

A 이제 큰 시험도 끝났으니까, 붙든 말든 뭔가 재밌는 걸 해야겠어.
B 너 댄스 수업 듣고 싶다고 했던 거 기억나는데, 그치?
A 응, 근데 내가 워낙 몸치라서 걱정돼. 난 춤이라면 정말 서투르거든.
B 바로 그러니까 수업이 필요한 거지!
A 근데 난 수업에서 다른 사람들하고 같이 춤추는 게 너무 부끄러워.
B 1대 1 수업은 어때? 금방 배우게 될 거야!
A 나만 모든 주목을 받으면 너무 긴장될 것 같아.
B 그럼 먼저 유튜브에서 쉬운 튜토리얼 좀 보면서 준비해 보는 건 어때?
A 사실 그거 예전에 해 봤는데 포기했어.

먼저 B가 되어 대화해 보세요.

A Now that my big test is over, I deserve something fun whether I pass it or not.

B 너 댄스 수업 듣고 싶다고 했던 거 기억나는데, 그치?

A Yeah, but I'm worried since I have two left feet. I'm so clumsy when it comes to dancing.

B 바로 그러니까 수업이 필요한 거지!

A But I'm really shy about dancing with other people in class.

B 1대 1 수업은 어때? 금방 배우게 될 거야!

A I'd be so nervous with all the attention on me.

B 그럼 먼저 유튜브에서 쉬운 튜토리얼 좀 보면서 준비해 보는 건 어때?

A I actually tried that before, but I gave up.

1. clumsy/ˈklʌmzi/는 1음절 강세, 2음절은 [zi]사운드로 [클럼지]처럼 발음합니다.
2. tutorial/tuːˈtɔːriəl/은 1음절 장음, 2음절 강세+장음으로 [to]의 음가를 높고 길게 [튜-토-뤼얼]처럼 발음하며, [tu]는 [튜-] 또는 [투-]로 발음이 가능합니다.

> 앞에서 배운 대화문의 상대방이 되어 직접 말해 보세요.

이번에는 A가 되어 대화해 보세요.

A 이제 큰 시험도 끝났으니까, 붙든 말든 뭔가 재밌는 걸 해야겠어.

B I remember you wanted to take dance classes, right?

A 응, 근데 내가 워낙 몸치라서 걱정돼. 난 춤이라면 정말 서투르거든.

B That's exactly why you need lessons!

A 근데 난 수업에서 다른 사람들하고 같이 춤추는 게 너무 부끄러워.

B How about taking a one-on-one lesson? You'll pick it up quickly!

A 나만 모든 주목을 받으면 너무 긴장될 것 같아.

B Then why don't you watch some easy tutorials on YouTube to warm up first?

A 사실 그거 예전에 해 봤는데 포기했어.

> 오늘의 한 문장

I'm worried since I have two left feet.
근데 내가 워낙 몸치라서 걱정돼.

Unit 76 Thoughts on Marriage 결혼에 대한 생각

 My weekends are packed this month. I've got four weddings to attend.

 Oh, same here. It's definitely wedding season again.

 Speaking of which, do you ever think about marriage?

 It's **a tough call**. I'd like to have a family someday, but I haven't met "the one" yet.

 I get that. Don't your parents pressure you to get married?

 They don't push me, but they bring it up now and then. Do you want to **tie the knot**?

 Actually, I'**m** pretty **content with** how things are right now.

 Don't you ever feel lonely, though?

 Not really. Sure, it'd be nice to meet someone who **clicks with** me, but I'm happy being single.

---

attend 참석하다 **marriage** 결혼 **someday** 언젠가 **the one** 나만의 짝, 운명의 상대
pressure 압박하다 **bring up** 어떤 주제·화제를 꺼내다, 언급하다
now and then 때때로, 가끔

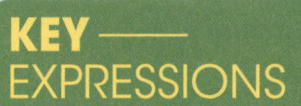

1. a tough call

여기서의 call은 '(심판의) 판정'을 뜻합니다. 스포츠를 넘어 일상적인 상황에서도 널리 사용되면서 '고민스러운 판단', '어려운 상황'을 의미합니다.

It's **a tough call** whether to sell the house now or not.
지금 집을 팔아야 할지 말아야 할지는 어려운 결정이야.

2. tie the knot

문자 그대로는 '매듭을 묶다'를 뜻하는데, 중세 유럽의 결혼식에서 신랑과 신부의 손을 리본으로 묶던 전통에서 유래해 '결혼하다'를 가리키게 되었습니다.

They finally decided to **tie the knot** this fall.
그들은 드디어 올 가을에 결혼하기로 결정했다.

3. be content with ~

content는 현재 상황이나 상태에 소박한 만족감을 느끼거나 수용하는 것을 의미합니다. 꼭 최선의 상태는 아닐지라도 '충분히 괜찮다', '불평하지 않을 만큼 만족한다'는 뉘앙스입니다.

He's **content with** his job although it's not very exciting.
그는 일이 아주 재미있진 않아도 직업에 만족하고 있다.

4. click with ~

잘 맞는 기계 부품들이 맞물려 딸깍(click) 소리가 나듯, 두 사람이 '잘 통하다', '잘 맞다'라는 의미로 쓰입니다.

I really **click with** my new coworker because we share the same sense of humor and work style.
저는 새 동료와 정말 잘 통해요. 우리는 유머 감각과 업무 스타일이 비슷하거든요.

해석

A 이번 달 주말은 꽉 찼네요. 가야 할 결혼식이 네 개나 있어요.
B 아, 저도요. 확실히 또 결혼 시즌이 돌아왔네요.
A 말이 나왔으니 말인데, 결혼에 대해 생각해 볼 때 있어요?
B 어려운 결정이죠. 언젠가 가정을 꾸리고 싶긴 한데, 아직 "저만의 짝"을 만나지 못했거든요.
A 이해해요. 부모님이 결혼하라고 압박 안 하세요?
B 강요하시진 않지만, 한 번씩 얘기는 꺼내시죠. 당신은 결혼하고 싶나요?
A 사실 저는 지금의 상태에 꽤 만족해요.
B 근데 외로울 때 없어요?
A 딱히요. 물론 저랑 잘 맞는 사람을 만나면 좋겠지만, 혼자로도 행복해요.

ROLE-PLAY TRAINING

먼저 B가 되어 대화해 보세요.

A My weekends are packed this month. I've got four weddings to attend.

B 아, 저도요. 확실히 또 결혼 시즌이 돌아왔네요.

A Speaking of which, do you ever think about marriage?

B 어려운 결정이죠. 언젠가 가정을 꾸리고 싶긴 한데, 아직 "저만의 짝"을 만나지 못했거든요.

A I get that. Don't your parents pressure you to get married?

B 강요하시진 않지만, 한 번씩 얘기는 꺼내시죠. 당신은 결혼하고 싶나요?

A Actually, I'm pretty content with how things are right now.

B 근데 외로울 때 없어요?

A Not really. Sure, it'd be nice to meet someone who clicks with me, but I'm happy being single.

발음 tip

1. 'interested in'은 연음 시 [interest]의 1음절 강세를 살려 [인츄뤠스티린] 또는 [인츄뤠스티딘]처럼 발음합니다.
2. knot의 k는 묵음으로, /nɑːt/[낱-ㅌ]처럼 발음합니다.

앞에서 배운 대화문의 상대방이 되어 직접 말해 보세요.

이번에는 A가 되어 대화해 보세요.

A 이번 달 주말은 꽉 찼네요. 가야 할 결혼식이 네 개나 있어요.

B Oh, same here. It's definitely wedding season again.

A 말이 나왔으니 말인데, 결혼에 대해 생각해 볼 때 있어요?

B It's a tough call. I'd like to have a family someday, but I haven't met "the one" yet.

A 이해해요. 부모님이 결혼하라고 압박 안 하세요?

B They don't push me, but they bring it up now and then. Do you want to tie the knot?

A 사실 저는 지금의 상태에 꽤 만족해요.

B Don't you ever feel lonely, though?

A 딱히요. 물론 저랑 잘 맞는 사람을 만나면 좋겠지만, 혼자로도 행복해요.

오늘의 한 문장

I haven't met "the one" yet.
아직 "저만의 짝"을 만나지 못했거든요.

Unit 77   Rough Patch 힘든 시기

 Hey Sean, what's the matter? You look upset.

Well, I've been having a rough time lately.

 I'm sorry to hear that. What's going on?

I've been **working overtime** every single day for two weeks. I don't leave the office until 11ish.

 Aw, you must be drained.

And my car broke down, so I have to take the bus and do**n't** get home **until** midnight.

 That really sucks. Why does everything go wrong at once?

Plus, my girlfriend and I had a big fight last night… I'm not sure if we can **work things out**.

 Wow… I really hope things get better soon. Is there anything I can do to help?

---

rough 힘든   patch (보통 힘들거나 불행한) 시기, 때   upset 화난, 당황한, 속상한
every single day 매일, 하루도 빠짐없이   drained 녹초가 된, 지친   break down 고장 나다
midnight 자정   at once 한 번에

KEY EXPRESSIONS

1. work overtime

정해진 근무 시간(time)을 넘겨 초과(over)로 일하는 '초과 근무하다'를 가리킵니다. 단순히 '야근하다'는 'work late'이라고도 합니다.

We often work overtime during the busy season.
우린 성수기에 종종 초과 근무를 한다.

2. not until ~

'~까지는 아닌'이라는 뜻으로, 시점이나 조건을 구체적으로 특정할 때 사용하는 표현입니다. 우리말로는 '~가 되어서야'로 해석하는 것이 더 자연스럽습니다.

It was not until she turned 50 that she started her own business.
그녀는 50살이 되고 나서야 자신의 사업을 시작했다.

3. That really sucks.

부정적인 상황에 대한 불쾌, 동정, 공감을 나타내는 '최악이다', '진짜 짜증난다', '너무 안타깝다' 등으로 해석할 수 있는 표현입니다. 친하지 않은 사람에게는 사용을 주의하세요.

You failed the driving test again? That really sucks.
너 운전 면허 시험 또 떨어졌어? 진짜 안타깝다.

4. work things out

'문제나 일을 해결하다', '상황을 조정하다', '관계를 개선하다' 등의 뜻으로, 이미 문제가 명확할 때 해결에 초점을 둡니다.

We had a misunderstanding, but we worked things out over coffee. 우리는 오해가 있었지만, 커피를 마시면서 문제를 해결했다.

해석

A 션, 무슨 일 있어? 표정이 안 좋아 보이네.
B 아, 요즘 힘든 시간을 겪고 있어.
A 안타깝네. 무슨 일인데?
B 2주째 하루도 빠짐 없이 야근 중이야. 밤 11시 정도까지 퇴근을 못해.
A 아, 완전 진 빠지겠다.
B 그리고 차가 고장 나서 버스를 타야 하고 자정이나 돼야 집에 도착해.
A 진짜 너무한다. 왜 모든 일이 한꺼번에 터질까?
B 게다가 어젯밤엔 여자친구랑 크게 싸웠는데... 우리가 다시 잘 지낼 수 있을지 모르겠어.
A 와... 빨리 상황이 좋아지길 정말 바라. 내가 도울 수 있는 게 있을까?

ROLE-PLAY TRAINING

먼저 B가 되어 대화해 보세요.

A Hey Sean, what's the matter? You look upset.

B 아, 요즘 힘든 시간을 겪고 있어.

A I'm sorry to hear that. What's going on?

B 2주째 하루도 빠짐 없이 야근 중이야. 밤 11시 정도까지 퇴근을 못해.

A Aw, you must be drained.

B 그리고 차가 고장 나서 버스를 타야 하고 자정이나 돼야 집에 도착해.

A That really sucks. Why does everything go wrong at once?

B 게다가 어젯밤엔 여자친구랑 크게 싸웠는데… 우리가 다시 잘 지낼 수 있을지 모르겠어.

A Wow… I really hope things get better soon. Is there anything I can do to help?

1. 'must be'를 연음할 때는 [머슬비]처럼 T 사운드가 빠르고 약하게 발음됩니다. 머스트비(x)
2. 11ish는 eleven/ɪˈlevn/의 2음절 강세를 살려 [일레브니쉬]처럼 발음하되, [sh]는 바람 소리로 내 주세요.

앞에서 배운 대화문의 상대방이 되어 직접 말해 보세요.

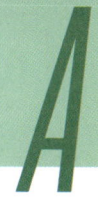

이번에는 A가 되어 대화해 보세요.

A 션, 무슨 일 있어? 표정이 안 좋아 보이네.

B Well, I've been having a rough time lately.

A 안타깝네. 무슨 일인데?

B I've been working overtime every single day for two weeks. I don't leave the office until 11ish.

A 아, 완전 진 빠지겠다.

B And my car broke down, so I have to take the bus and don't get home until midnight.

A 진짜 너무한다. 왜 모든 일이 한꺼번에 터질까?

B Plus, my girlfriend and I had a big fight last night... I'm not sure if we can work things out.

A 와... 빨리 상황이 좋아지길 정말 바라. 내가 도울 수 있는 게 있을까?

오늘의 한 문장

I'm not sure if we can work things out.

우리가 다시 잘 지낼 수 있을지 모르겠어.

Unit 78 Different Tastes 서로 다른 취향

 How was your weekend?

Nothing special. I just checked out the new café near the mall – the Lucky Lark.

 Oh, a friend of mine **dragged** me there last week. It wasn't **my cup of tea**.

Really? I thought it was charming.

 It seemed like they were trying too hard to be trendy, and our server forgot our drinks twice.

It's new – they're probably still figuring things out.

 The veggies in my sandwich were stale, too. I don't get how they charge so much for **mediocre** food and service.

I thought it was worth it. The cocktails and menu were pretty creative.

 Well, **to each their own**.

---

charming 매력적인   server 서버, 직원   veggies 채소   stale 신선하지 않은
charge 청구하다   worth 가치가 있는

KEY EXPRESSIONS

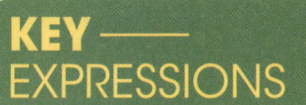

1. drag

'끌다'를 뜻하는 drag의 목적어로 사람이 오면, '억지로 가게 하다', '끌고 가다'라는 뜻이 됩니다. 대개 부정적 또는 강제적 뉘앙스가 포함됩니다.

They **dragged** me to the karaoke last night.
어젯밤에 걔들이 날 억지로 노래방에 끌고 갔어.

2. one's cup of tea

'~의 취향에 맞는 것'을 의미합니다. 말 그대로는 '~의 차 한 잔'을 뜻하고, 차를 마실 때 온도, 우유 섞기 유무, 설탕의 양 등 한 사람의 '선호에 잘 맞춰진 차 조합'의 의미가 확장되었습니다.

Horror movies aren't really **my cup of tea**.
공포 영화는 정말 제 취향이 아니에요.

3. mediocre

'뛰어나지도 나쁘지도 않은', '그저 그런', '평범한 보통 수준인'이라는 뜻입니다. '무난한', '보통의'라는 의미이지만 뉘앙스는 부정적입니다.

That café's dessert is **mediocre** at best.
그 카페의 디저트는 잘 쳐 줘도 그저 그래.

4. To each their own.

'각자에게 그 몫을(suum cuique)'이라는 라틴 문구에서 유래한 표현으로, 원래는 법적 원칙을 나타내는 데 사용되었으나, 시간이 지나면서 더 일상적이고 가벼운 맥락에서 쓰이게 되었습니다.

You enjoyed the movie? I could hardly keep myself awake. Well, **to each their own**.
그 영화가 재밌었다고? 난 졸려서 혼났는데. 뭐, 각자 취향이 있으니까.

A 주말 어땠어?
B 별거 없었어. 그냥 백화점 근처에 새로 생긴 카페 '럭키 라크'에 가 봤어.
A 아, 내 친구 한 명이 지난주에 날 거기에 끌고 갔어. 내 취향은 아니더라.
B 정말? 난 매력적이라고 생각했는데.
A 너무 트렌디해 보이려고 애쓰는 느낌이었고, 담당 서버가 음료를 두 번이나 깜빡했어.
B 새로 생겼으니, 아마 아직 적응 중이겠지.
A 내 샌드위치 안의 채소도 신선하지 않더라고. 그저 그런 음식과 서비스인데 가격은 왜 비싼지 이해가 안 돼.
B 난 그만한 가치가 있다고 생각했어. 칵테일이랑 메뉴가 꽤 창의적이더라고.
A 뭐, 각자 취향이 있는 거니까.

ROLE-PLAY TRAINING

먼저 B가 되어 대화해 보세요.

A How was your weekend?

B 별거 없었어. 그냥 백화점 근처에 새로 생긴 카페 '럭키 라크'에 가 봤어.

A Oh, a friend of mine dragged me there last week. It wasn't my cup of tea.

B 정말? 난 매력적이라고 생각했는데.

A It seemed like they were trying too hard to be trendy, and our server forgot our drinks twice.

B 새로 생겼으니, 아마 아직 적응 중이겠지.

A The veggies in my sandwich were stale, too. I don't get how they charge so much for mediocre food and service.

B 난 그만한 가치가 있다고 생각했어. 칵테일이랑 메뉴가 꽤 창의적이더라고.

A Well, to each their own.

> **발음 tip**
> 1. sandwich의 d는 묵음으로, /ˈsænwɪtʃ/[쌘위취] 또는 /ˈsænwɪdʒ/[쌘윈쥐]에 가깝게 발음합니다. Ch는 바람 소리로 내 주세요. 샌드위치(x)
> 2. mediocre/ˌmiːdiˈəʊkər/는 1음절 장음, 3음절 강세로 [o]의 음가를 높여 [미-디오커]에 가깝게 발음합니다.

이번에는 A가 되어 대화해 보세요.

A 주말 어땠어?

B Nothing special. I just checked out the new café near the mall – the Lucky Lark.

A 아, 내 친구 한 명이 지난주에 날 거기에 끌고 갔어. 내 취향은 아니더라.

B Really? I thought it was charming.

A 너무 트렌디해 보이려고 애쓰는 느낌이었고, 담당 서버가 음료를 두 번이나 깜빡했어.

B It's new – they're probably still figuring things out.

A 내 샌드위치 안의 채소도 신선하지 않더라고. 그저 그런 음식과 서비스인데 가격은 왜 비싼지 이해가 안 돼.

B I thought it was worth it. The cocktails and menu were pretty creative.

A 뭐, 각자 취향이 있는 거니까.

오늘의 한 문장

To each their own.
각자 취향이 있는 거니까.

Unit 79 Post-retirement Plans 은퇴 후 계획

 Do you want to keep living in the city after retiring?

Absolutely. It's so convenient - **easy access to** transportation, food delivery, hospitals... **I can't imagine** giving it up.

 True, but I dream about living closer to nature, with a big yard and dogs.

That sounds peaceful. Do you have a specific place in mind?

 Maybe Jeju. I'm considering spending a month there to see if I really want to settle down.

That makes sense. That reminds me — a friend of mine moved to Jeju last year.

 Really? How does she like it?

She says it's refreshing, but like anywhere, there are **pros and cons**.

 Right, I guess the best way is to experience it myself.

retirement 은퇴 transportation 교통 specific 특정한 settle down 정착하다
that reminds me 그러고 보니 experience 경험하다

KEY EXPRESSIONS

1. easy access to

'easy access'는 어떤 대상, 장소, 서비스 등에 '접근성이 좋은 상태'를 의미합니다. 뒤에 'to+명사'를 붙여 구체적으로 무엇에 접근할 수 있는지 나타냅니다.

This neighborhood has easy access to the highway.
이 동네는 고속도로에 쉽게 접근할 수 있다.

2. I can't imagine ~

특정 행동이나 상황을 상상하기 어렵거나 불가능하다는 뜻으로, 감탄, 거부감, 또는 의구심 등을 나타냅니다. 뒤에는 주로 동명사나 명사 형태가 옵니다.

I can't imagine living without my smartphone.
나는 스마트폰이 없이 사는 건 상상도 할 수 없어.

3. That makes sense.

"말 되네요.", "일리가 있네요."라는 뜻으로, 설명이나 제안을 이해했다는 의미입니다. 단, 상대의 논리를 이해했다는 것뿐이지, 전적으로 동의해서 따르겠다는 의미를 포함하지는 않습니다.

A: Why don't we carpool to save on gas money?
B: **That makes sense.** Let's do that.
A: 기름값 아끼게 차 같이 타는 게 어때? / B: 일리가 있네. 그렇게 하자.

4. pros and cons

pros는 '긍정적인 면', '장점', '이점'을 뜻하고 cons는 '부정적인 면', '단점', '약점'을 뜻합니다. 그래서 'pros and cons'는 주로 '장단점', '찬반 양론', '이해득실'로 해석됩니다.

We need to weigh the pros and cons before making a decision.
결정을 내리기 전에 장단점을 따져 봐야 해.

A 넌 은퇴 후에도 계속 도시에 살고 싶어?
B 무조건이지. 너무 편리하잖아. 교통, 음식 배달, 병원 접근성도 좋고... 이걸 포기하는 건 상상도 안 돼.
A 맞아, 근데 난 자연에 더 가까운 곳에서 살고 싶은 꿈이 있어, 큰 마당과 개들과 함께.
B 평화로울 것 같다. 구체적으로 생각해 둔 장소가 있어?
A 어쩌면 제주도. 정말 정착하고 싶은지 보려고 한 달 살기를 고려 중이야.
B 일리가 있네. 그러고 보니, 내 친구 중 한 명이 작년에 제주로 이사 갔어.
A 정말? 그 친구는 어떻대?
B 신선하다고 하는데, 어디나 그렇듯 장단점이 있대.
A 맞아, 결국 내가 직접 경험해 보는 게 제일이겠지.

ROLE-PLAY TRAINING

먼저 B가 되어 대화해 보세요.

A Do you want to keep living in the city after retiring?

B **무조건이지. 너무 편리하잖아. 교통, 음식 배달, 병원 접근성도 좋고… 이걸 포기하는 건 상상도 안 돼.**

A True, but I dream about living closer to nature, with a big yard and dogs.

B **평화로울 것 같다. 구체적으로 생각해 둔 장소가 있어?**

A Maybe Jeju. I'm considering spending a month there to see if I really want to settle down.

B **일리가 있네. 그러고 보니, 내 친구 중 한 명이 작년에 제주로 이사 갔어.**

A Really? How does she like it?

B **신선하다고 하는데, 어디나 그렇듯 장단점이 있대.**

A Right, I guess the best way is to experience it myself.

1. consider/kənˈsɪdər/은 2음절 강세로, [si]의 음가를 높여 [컨씨더]처럼 발음합니다.
2. specific/spəˈsɪfɪk/은 2음절 강세로, [fi]의 음가를 높여 [스페씨픽]처럼 발음합니다. F 사운드에 유의해 주세요.

앞에서 배운 대화문의 상대방이 되어 직접 말해 보세요.

이번에는 A가 되어 대화해 보세요.

A 넌 은퇴 후에도 계속 도시에 살고 싶어?

B Absolutely. It's so convenient - easy access to transportation, food delivery, hospitals... I can't imagine giving it up.

A 맞아, 근데 난 자연에 더 가까운 곳에서 살고 싶은 꿈이 있어, 큰 마당과 개들과 함께.

B That sounds peaceful. Do you have a specific place in mind?

A 어쩌면 제주도. 정말 정착하고 싶은지 보려고 한 달 살기를 고려 중이야.

B That makes sense. That reminds me – a friend of mine moved to Jeju last year.

A 정말? 그 친구는 어떻대?

B She says it's refreshing, but like anywhere, there are pros and cons.

A 맞아, 결국 내가 직접 경험해 보는 게 제일이겠지.

오늘의 한 문장

Like anywhere, there are pros and cons.
어디나 그렇듯 장단점이 있대.

Unit 80 At the Reunion 동창회에서

 Jun! Is that you? You were the class leader in 7th grade!

 Lisa? Wow, you haven't changed much. I still recognize your dimples.

 And you look the same, just taller! I can't believe it's been two decades.

 How have you been? What do you do now?

 I'm an interpreter for a global NGO. How about you?

 I'm a freelance writer and occasionally give lectures.

 That's amazing! I remember our Korean teacher saying you **were born to be** a writer.

 Haha, **I'm flattered.** And I remember our English teacher **speaking** so **highly of** you all the time.

 Those were the good old days. Life outside school is **no joke**, you know.

---

reunion 동창회, 재회 **class leader** 반장 **dimple** 보조개 **decade** 10년
interpreter 통역사 **give a lecture** 강연하다 **the good old days** 좋았던 옛날, 행복하고 즐거웠던 시절

KEY EXPRESSIONS

1. be born to be ~

직역하면 '~로 태어났다'로, 타고난 재능과 성향이 어떤 것에 아주 잘 맞는다는 뜻입니다. '~가 될 운명이다', '~의 자질을 타고났다'처럼 의역할 수 있습니다.

She **was born to be** a singer with her incredible voice.
놀라운 목소리를 가진 그녀는 가수가 될 운명이었다.

2. I'm flattered.

'아첨하다'라는 뜻의 flatter를 써서, 상대방의 칭찬, 호의, 관심 등을 과분하다 느끼고 고마워하며 기쁨을 표현하는 문구입니다. "과찬이세요.", "칭찬에 몸 둘 바를 모르겠네요."라는 의미입니다.

A: You're the most talented designer I've ever worked with.
B: **I'm flattered.** I won't let you down.
A: 당신은 제가 함께 일해 본 가장 재능 있는 디자이너예요. / B: 과찬이세요. 실망시키지 않겠습니다.

3. speak highly of ~

'~를 높이 말하다', 즉 사람이나 사물을 '높이 평가하다', '칭찬하다', '호평하다'를 의미합니다. 반대로 '비난하다'는 'speak ill of ~'라고 표현합니다.

Everyone **speaks highly of** his professionalism.
모든 사람들이 그의 전문성을 높이 평가합니다.

4. no joke

단어 그대로 '농담이 아닌', '장난이 아닌'이라는 뜻으로, 어떤 상황이나 내용이 심각하거나 사실임을 강조할 때 사용됩니다.

Professor Brown's class is **no joke**; the workload is intense.
브라운 교수님의 수업은 장난이 아니야. 공부량이 엄청나게 많아.

 해석

A 준! 너 맞아? 7학년 때 반장이었잖아!
B 리사? 와, 너 별로 안 변했다. 여전히 네 보조개를 알아보겠어.
A 그리고 넌 똑같아 보여, 키만 더 컸고! 20년이나 지났다는 게 믿기지 않는다.
B 그 동안 잘 지냈어? 지금은 어떤 일을 해?
A 난 국제 NGO에서 통역사로 일하고 있어. 너는?
B 난 프리랜서 작가이고, 가끔 강연도 해.
A 대단하다! 국어 선생님이 넌 타고난 작가였다고 말씀하시던 기억이 나네.
B 하하, 과찬이야. 나도 영어 선생님이 늘 네 칭찬을 많이 하셨던 게 기억이 나.
A 그때가 좋았지. 학교 밖의 삶은 장난이 아니니까, 알잖아.

ROLE-PLAY TRAINING

먼저 B가 되어 대화해 보세요.

A: Jun! Is that you? You were the class leader in 7th grade!

B: **리사? 와, 너 별로 안 변했다. 여전히 네 보조개를 알아보겠어.**

A: And you look the same, just taller! I can't believe it's been two decades.

B: **그 동안 잘 지냈어? 지금은 어떤 일을 해?**

A: I'm an interpreter for a global NGO. How about you?

B: **난 프리랜서 작가이고, 가끔 강연도 해.**

A: That's amazing! I remember our Korean teacher saying you were born to be a writer.

B: **하하, 과찬이야. 나도 영어 선생님이 늘 네 칭찬을 많이 하셨던 게 기억이 나.**

A: Those were the good old days. Life outside school is no joke, you know.

1. recognize/rekəgnaɪz/는 1음절 강세로, [re]의 음가를 높이고 [g]는 거의 안 들릴 정도로 살짝만 소리 내 [뤠커ㄱ나이ㅈ]처럼 발음합니다.
2. 'good old days/gʊd əʊld deɪz/'는 단어들끼리 최대한 연음으로 하여 [굳얼데이ㅈ]에 가깝게 발음합니다.

앞에서 배운 대화문의 상대방이 되어 직접 말해 보세요.

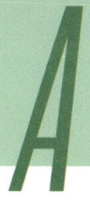

이번에는 A가 되어 대화해 보세요.

A 준! 너 맞아? 7학년 때 반장이었잖아!

B Lisa? Wow, you haven't changed much. I still recognize your dimples.

A 그리고 넌 똑같아 보여, 키만 더 컸고! 20년이나 지났다는 게 믿기지 않는다.

B How have you been? What do you do now?

A 난 국제 NGO에서 통역사로 일하고 있어. 너는?

B I'm a freelance writer and occasionally give lectures.

A 대단하다! 국어 선생님이 넌 타고난 작가였다고 말씀하시던 기억이 나네.

B Haha, I'm flattered. And I remember our English teacher speaking so highly of you all the time.

A 그때가 좋았지. 학교 밖의 삶은 장난이 아니니까, 알잖아.

오늘의 한 문장

Those were the good old days.
그때가 좋았지.

335